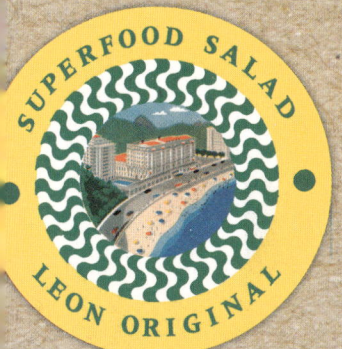

LEON

HUNDERT SUPPEN

REBECCA SEAL & JOHN VINCENT

DUMONT

INHALT

EINLEITUNG 5

NATÜRLICH SCHNELL
10
Im Nullkommanichts fertig, ohne kostspielige Abkürzungen. Immer einsatzbereit und großartige Lebensretter, wenn Sie am Verhungern sind.

SEELENTRÖSTER
44
Wohltuende Suppen. Besonders wertvoll, wenn Sie eine Extraportion tröstende Wärme benötigen.

FRISCH & FRÖHLICH
106
Saisonal und farbenfroh. Schwungvoll, mit pikanten Aromen und haufenweise gesunden Inhaltsstoffen.

SCHICKE KLASSIKER
134
Unsere Versionen von Klassikern wie Bouillabaisse oder Hummercremesuppe – feine Suppen, mit denen Sie angeben können.

SÜSSE SUPPEN
156
Es muss nicht immer herzhaft sein. Beweise gefällig? Dann probieren Sie unsere (süchtig machende) Schokoladensuppe.

KNUSPRIGE TOPPINGS & GRANDIOSE GARNITUREN
168
Toppings machen gute Suppen noch besser. Der Extrakick für mehr Finesse und Aroma.

BEILAGEN
200
Was wäre eine Suppe ohne etwas Knuspriges zum Eintauchen?

FOND & BRÜHE
212
Die wichtigste Zutat. So gelingt die perfekte Grundlage für Ihre Suppen.

REGISTER & DANK 220

EINLEITUNG

Ein Zaubertrank. Voller Liebe und voller Kraft. Und natürlich voller Geschmack. Das macht für uns bei LEON eine gute Suppe aus. Das Rühren im Topf, das Schlürfen der Brühe. Gibt es eine bessere Möglichkeit, sich selbst etwas Gutes zu tun? Oder um Freunden und Familie zu zeigen, dass man sie mag?

Zu unserem Buch *Hundert Salate* haben wir so viel positives Feedback erhalten, dass wir uns entschlossen haben, auch unsere Suppen ins Rampenlicht zu rücken. Einige davon servieren wir in unseren LEON-Restaurants. Doch auf unseren Speisekarten ist einfach nicht genügend Platz, um unser gesamtes Repertoire vorzustellen. Hier, zwischen diesen beiden Buchdeckeln, finden Sie daher die geballte Power – unsere allerbesten Suppen: unsere Varianten von Klassikern, aber auch ein paar neue magische Rezepte (keine Panschereien). Sie sind für einen oder für viele. Für ein alltagstaugliches Mittagessen oder für einen aufregenden Samstagabend.

Bei LEON geht es uns darum, gutes gesundes Essen für jedermann zu ermöglichen. Das tun wir, indem wir uns vorstellen, wie Fast Food wohl im Himmel wäre, und indem wir Bücher schreiben, um unsere Rezepte zu verbreiten. Ganz gleich ob Sie ein Fan der ersten Stunde sind oder LEON gerade erst entdecken: Danke, dass Sie Teil der LEON-Familie sind! Wir lieben das, was wir tun, und wir stecken eine Menge Arbeit hinein. Ihre Unterstützung, Ihre Vorschläge und Ihre Kritik sind eine große Bereicherung für uns.

Und nun: Los geht's! Verbreiten Sie ein bisschen Magie!

VORBEREITUNG IST ALLES

REINIGUNG

Waschen und/oder schälen Sie das Gemüse, ehe Sie es für die Suppe verwenden, so gelangen keine Reste von Erde oder andere unangenehme Dinge in den Topf. Kräuter ebenfalls abspülen und in einer Salatschleuder trocknen oder mit einem sauberen Küchentuch trocken tupfen.

TOPPINGS & ANDERE ZUGABEN

Eine heiße Suppe und ein eiskaltes Topping werden wohl nie die besten Freunde. Nehmen Sie Joghurt, Sauce oder Käse aus dem Kühlschrank, wenn Sie mit dem Kochen beginnen, damit sie langsam Zimmertemperatur annehmen können. Alle knusprigen Toppings wie z. B. Croûtons erst unmittelbar vor dem Servieren zugeben oder auf dem Tisch bereitstellen, dann haben sie erst gar keine Gelegenheit, einzusinken oder matschig zu werden.

PÜRIEREN

Mit einem Standmixer erhalten Sie schneller eine sämige, glatte Konsistenz der Suppe als mit einem Stabmixer, doch auch mit Letzterem bekommen Sie ein gutes Ergebnis, wenn Sie sich ausreichend Zeit lassen. Beide Geräte verlangen nach ein wenig Umsicht. Stabmixer können zu heißen Spritzern führen, besonders dann, wenn nur wenig Suppe im Topf ist. Standmixer sollten nie bis zum Rand mit heißer Flüssigkeit gefüllt werden, denn dadurch entsteht ein Überdruck, was dazu führen kann, dass Ihnen der Deckel mitsamt Suppe um die Ohren fliegt. In der Anleitung des Herstellers finden Sie die maximale Füllmenge.

(Rebecca hat außerdem die Erfahrung gemacht, dass Standmixer im Gegensatz zu Küchenmaschinen auch dann mixen, wenn man die Starttaste gedrückt hält und der Deckel nicht geschlossen ist ... Sie hat ihre Lektion gelernt, den Butternusskürbis aus den Haaren gewaschen und nimmt jetzt immer brav den Mixbehälter vom Standfuß, befüllt ihn über dem Topf und schließt dann sorgfältig den Deckel.)

BRÜHWARME BRÜHEN

DIE BEDEUTUNG VON GUTER BRÜHE

Gibt es etwas Heimeligeres als einen Topf mit Hühnerbrühe, die am Abend auf dem Herd blubbert? Wir machen unsere Brühe gerne selbst – so wissen wir genau, was drin ist, wir können sie ganz nach unserem Belieben abschmecken, und sie hält sich fast ewig im Gefrierschrank (vor allem in Form von Eiswürfeln). Hier sind unsere besten Tipps für die perfekte Brühe. (Für Rezepte, siehe Seiten 214–218.)

Verzichten Sie auf die Zugabe von Salz, wenn Sie Brühe selber machen. Dann können Sie, wenn Sie später das Gericht zubereiten, besser kontrollieren, wie viel noch fehlt. (Eigentlich sollte nur Bouillon gesalzen werden.)

Fügen Sie Kräuter hinzu, die gut zu dem passen, wofür Sie die Brühe später verwenden wollen. Seien Sie aber sparsam – Sie wollen ja keinen Rosmarin- oder Thymiantee. Die Brühe sollte nicht sprudelnd kochen, sondern nur leicht köcheln. Das Fett dabei regelmäßig abschöpfen. Bei allzu raschem Kochen löst sich das Fett im Wasser auf und die Flüssigkeit wird trüb.

Manchmal ist einfach keine Zeit für eine selbst gemachte Brühe. Doch manche Brühwürfel oder Suppengranulate enthalten eine Menge Salz. Wenn Sie also Pulver oder Würfel verwenden wollen, achten Sie darauf, dass diese ohne Salz auskommen oder nur wenig Salz oder Natrium enthalten. Einerseits Ihrer Gesundheit zuliebe, andererseits weil Sie so besser kontrollieren können, wie stark die Suppe gesalzen werden muss.

Hochwertige Hühnerbrühwürfel ergeben oft bessere Resultate als Gemüsebrühwürfel, die oft zu kräftig sind. Vegetarier und Veganer bereiten ihre Suppen am besten mit schwacher Brühe zu, um dieses Problem zu umgehen. Bei Fischbrühe ist es fast immer am besten, diese selbst zuzubereiten oder frisch einzukaufen, anstatt Pulver oder Würfel zu nutzen. Wenn das nicht möglich ist, dann nehmen Sie stattdessen Hühner- oder Gemüsebrühe.

Bisweilen wird der feine Geschmack einer bestimmten Suppe durch Brühwürfel oder Suppengranulat schlichtweg ruiniert – wir weisen in den Rezepten darauf hin, wenn das der Fall ist.

Ganz gleich für welche Variante Sie sich auch entscheiden: Achten Sie darauf, dass Ihre Brühe vor der Zugabe kochend heiß ist.

VORRATSKAMMER

KONSERVEN, GLÄSER & FLASCHEN

Fischsauce
Chiliöl
Kokosmilch
Misopaste
Tomaten
Sojasauce
Olivenöl zum Kochen
natives Olivenöl extra

GEMÜSE & OBST

Zwiebeln & Schalotten
Staudensellerie
Karotten
Knoblauch
Kartoffeln
Frühlingszwiebeln
Limetten
Zitronen
Zitronengras
Ingwer
Chilischoten
Lauch
Kaffirlimettenblätter
Galgant
frische Lorbeerblätter
Paprikaschoten

AUS DEM GEFRIERSCHRANK

Mais
dicke Bohnen
grüne Bohnen
selbst gemachte Brühe
Erbsen
Brokkoli

GETROCKNETE PRODUKTE

Nudeln
kleinteilige Pasta
Algen
Reis
Gerste

NÜSSE & SAMEN

Kürbiskerne
Leinsamen
Mandeln
Sesamkörner
Pinienkerne
Pistazien
Haselnüsse

GEWÜRZE

Curryblätter

Senfkörner

Kreuzkümmel

Koriander

Paprikapulver, geräuchert & edelsüß

schwarzer Pfeffer

Cayenne-Pfeffer

Muskatnuss

Fenchelsamen

Kümmelsamen

Chiliflakes

getrocknete Chilischoten

Garam Masala

Kardamom

Kurkuma

AUS DEM KÜHLSCHRANK

Parmesan

Joghurt

Tofu

Halloumi

Feta

frische Kräuter

Saure Sahne

Crème fraîche

Sahne

Pancetta oder Speck

HÜLSENFRÜCHTE

Kichererbsen

weiße Bohnen

rote Spaltlinsen

grüne Linsen

schwarze Linsen (Urid/Urad Dal)

Spalterbsen

Kichererbsenmehl

Puy-Linsen

schwarze Bohnen

NATÜRLICH SCHNELL

KAROTTEN, KREUZKÜMMEL & KORIANDER

PORTIONEN: 4
VORBEREITUNGSZEIT: 10 MINUTEN • GARZEIT: 30 MINUTEN
WF · GF · V (mit Gemüsebrühe) • (**MF · Ve** ohne Labneh)

1 EL **Olivenöl**
1 **Zwiebel**, grob gehackt
450 g **Karotten**, grob gehackt
½ TL **Koriandersamen**
½ TL **Kreuzkümmelsamen**
1 l heiße **Hühner-** oder **Gemüsebrühe**
1 Handvoll **frische Korianderblätter**

ZUM SERVIEREN:
4 EL **Labneh** (siehe Seite 183)
Dukkah (siehe Seite 190)
Fladenbrot (siehe Seite 210)

Unsere Version der klassischen Möhrensuppe – perfekt geeignet, um einer Flut an Karotten Herr zu werden.

Das Olivenöl in einem großen Topf mit Deckel bei niedriger Temperatur erhitzen. Sobald das Öl heiß ist, die Zwiebeln und Karotten hineingeben und unter gelegentlichem Rühren 15 Minuten sanft garen.

In der Zwischenzeit die Gewürze in einer heißen Pfanne 1–2 Minuten rösten, bis sie zu duften beginnen. Aufpassen, sie können leicht anbrennen. In einem Mörser fein zerstoßen.

Die gemahlenen Gewürze in den Topf zu den Karotten geben und die heiße Brühe angießen. Zum Köcheln bringen und ca. 15 Minuten simmern lassen, bis die Karotten schön weich sind. Den Topf von der Herdplatte nehmen, die Korianderblätter hinzufügen und glatt pürieren.

In Suppenschüsseln füllen, mit einem Klecks Labneh und etwas darübergestreutem Dukkah garnieren und mit Fladenbrot servieren.

TIPP
Mit gerösteten Mandelblättchen bestreuen.

CHOWDER MIT GERÄUCHERTEM SCHELLFISCH

PORTIONEN: 2
VORBEREITUNGSZEIT: 10 MINUTEN · GARZEIT: 30 MINUTEN
WF · GF (je nach Art der Chorizo)

500 ml **Milch**
250 g **Schellfischfilets, kalt geräuchert**, oder anderer **weißer Räucherfisch**
1 Stich **Butter**
½ **Zwiebel**, halbiert und fein geschnitten
1 Stange **Lauch**, in feine Ringe geschnitten
350 g (ca. 3 ½ mittelgroße) **Kartoffeln**, geschält und in 1 cm große Würfel geschnitten
1 Prise **Zitronenschale**
Salz und **frisch gemahlener schwarzer** (oder **weißer**) **Pfeffer**

ZUM SERVIEREN:
1 Handvoll **knusprige Chorizowürfel** (siehe Seite 192)
1 Handvoll **frischer Schnittlauch**, fein gehackt

Ein Angelausflug im September, ein Spaziergang am Hafen, ein Gläschen am Landungssteg, eine Suppe.

Die Milch in einen großen Topf gießen und bei mittlerer Temperatur zum Köcheln bringen, dann den Fisch dazugeben. Erneut aufkochen und 2 Minuten garen lassen. Den Fisch aus der Milch nehmen, diese zur Seite stellen und ein wenig abkühlen lassen.

In der Zwischenzeit die Butter bei mittlerer Hitze in einer Pfanne schmelzen. Sobald sie zerlassen ist, Zwiebeln, Lauch und eine Prise Salz hinzufügen und ca. 8–10 Minuten weich und glasig dünsten, ohne dass der Lauch Farbe annimmt.

Sobald der Fisch ausreichend abgekühlt ist, in mundgerechte Stücke teilen, dabei Gräten und Haut entfernen. Zur Seite stellen.

Den Topf mit der Milch wieder auf den Herd stellen, Zwiebeln, Lauch sowie Kartoffeln dazugeben. Zum Köcheln bringen und 10–15 Minuten kochen, bis die Kartoffeln weich sind.

Den Fisch zurück in den Topf geben und 1–2 Minuten erwärmen. Zitronenschale hinzufügen, mit schwarzem Pfeffer würzen und bei Bedarf nachsalzen – der Salzgehalt von Räucherfisch kann stark variieren.

Die Suppe mit den Chorizowürfeln und dem fein gehackten Schnittlauch servieren.

TIPP
Probieren Sie die Suppe mal mit Mais, blanchiertem Spinat oder einem pochierten Ei in jeder Schale.

NATÜRLICH SCHNELL

MAIS-TERHAFTES CHOWDER

PORTIONEN: 4
VORBEREITUNGSZEIT: 10 MINUTEN · GARZEIT: 25 MINUTEN
V (mit Gemüsebrühe)

- 4 **Maiskolben** oder 300 g **Maiskörner**, tiefgefroren
- 125 g **mehligkochende Kartoffeln** (ca. 1–2), geschält und gewürfelt
- 500 ml heiße **Hühner-** oder **Gemüsebrühe**
- 1 Stich **Butter**
- ½ **Zwiebel**, fein gehackt
- 1 Stange **Staudensellerie**, fein gehackt
- 2 **Knoblauchzehen**, fein gehackt
- 1 EL **Mehl**
- 350 ml **Milch**
- **Salz** und **frisch gemahlener schwarzer Pfeffer**
- **Frühlingszwiebeln** oder **frischer Schnittlauch**, in Ringe geschnitten, zum Garnieren

Eine frische, leicht süßliche Suppe, und ein tolles Abendessen für Kinder.

Mit einem scharfen Messer die Körner von den Maiskolben schneiden. Maiskörner, Maiskolben und Kartoffeln in einen großen Topf geben und die heiße Brühe angießen. Zum Kochen bringen und 15 Minuten köcheln, bis die Kartoffeln und die Maiskörner weich sind. Die Maiskolben aus der Suppe nehmen und entsorgen. Tiefgefrorene Maiskörner brauchen nicht so lange. Es reicht, wenn Sie diese dazugeben, sobald die Kartoffeln weich sind, und dann noch 3–4 Minuten mitgaren.

In der Zwischenzeit die Butter bei mittlerer Hitze in einer Pfanne zerlassen. Sobald sie zu schäumen beginnt, Zwiebeln, Sellerie und eine Prise Salz hinzufügen und unter regelmäßigem Rühren glasig andünsten. Das dauert etwa 8 Minuten. Knoblauch und Mehl einrühren und 1 weitere Minute garen, dann von der Herdplatte nehmen.

Den Inhalt der Pfanne sowie die Milch zu der Kartoffel-Mais-Mischung geben. Unter Rühren aufkochen. Von der Herdplatte nehmen und einen Teil oder die gesamte Suppe nach Belieben glatt pürieren. Mit Salz und Pfeffer abschmecken.

Mit Frühlingszwiebeln oder Schnittlauch bestreut servieren.

> **\\\\TIPP////**
>
> Ein Esslöffel Chipotle-Paste oder gewürfelter Räucherspeck verleiht dieser Suppe eine ganz besondere Würze. Oder Sie schmelzen pro Person 1 EL Butter, nehmen den Topf vom Herd und fügen 1 TL scharfes oder edelsüßes geräuchertes Paprikapulver zur Butter hinzu. Die Buttersauce dann in die Suppe rühren.

MEERESFRÜCHTE NACH KERALA-ART

PORTIONEN: 4
VORBEREITUNGSZEIT: 10 MINUTEN · GARZEIT: 30 MINUTEN
WF · GF · MF

700 g **Fischfilet** – **Seehecht**, **Lachs**, **Kabeljau**, **Schellfisch** oder eine Mischung, in Stücke geschnitten
2 TL **gemahlene Kurkuma**
2 EL **Pflanzenöl**
1 ½ TL **Senfkörner**
4 **Schalotten**, in feine Ringe geschnitten
10 **Curryblätter**
2 **Knoblauchzehen**, zu einer Paste zerrieben
1 Stück **frischer Ingwer** (ca. 4 cm), geschält und fein gerieben
1 mittelgroße **grüne Chilischote**, entkernt und in feine Ringe geschnitten
2 mittelgroße **Tomaten**, halbiert, entkernt und in Scheiben geschnitten
2 Dosen **Kokosmilch** (à 400 g)
1–2 TL **frischer Limettensaft**
Salz und **frisch gemahlener schwarzer Pfeffer**

ZUM SERVIEREN:
frische Korianderblätter
gedämpfter Reis

Dieses Rezept ist inspiriert von Meen Moilee, einem Fischcurry aus Kerala. Das kurze Braten verleiht dem Fisch eine einladendere Konsistenz als einfaches Pochieren. Nehmen Sie normale Kokosmilch, da Kokosmilch light beim Kochen oft gerinnt.

Die Fischstücke trocken tupfen, mit einem Teelöffel Kurkuma und reichlich Salz und Pfeffer würzen. Gut darin wälzen, damit auch jedes Stück leicht bedeckt ist.

Das Öl in einem großen Topf mit Deckel bei hoher Temperatur erhitzen. Den Fisch 1–2 Minuten darin anbraten, dabei einmal wenden. Ehe die Fischstücke ganz durchgegart sind, vorsichtig aus dem Topf nehmen und zur Seite stellen.

Die Temperatur reduzieren. Die Senfkörner in den Topf geben und, sobald diese zu hüpfen beginnen, Schalotten, Curryblätter und übriges Kurkumapulver zugeben. Unter Rühren ca. 5 Minuten dünsten, bis die Schalotten leicht Farbe annehmen. Knoblauch, Ingwer, Chilis und Tomaten hinzufügen und unter Rühren 1 weitere Minute garen. 3 Esslöffel Wasser dazugeben und köcheln lassen, bis die Tomaten langsam weich werden – vorsichtig umrühren, damit die Tomaten nicht zerfallen. Die Temperatur auf die kleinste Stufe stellen und die Kokosmilch zugießen. Langsam zum Kochen bringen – erhitzt man Kokosmilch zu rasch, gerinnt sie.

Sobald die Suppe köchelt, die Fischstücke zurück in den Topf geben und unter die Flüssigkeit heben, dann den Deckel auflegen. 3 Minuten garen, bis der Fisch gerade durch ist. Den Topf vom Herd nehmen, ein Teelöffel Limettensaft hinzufügen und mit Salz, Pfeffer und dem restlichen Limettensaft abschmecken.

Mit Korianderblättern garnieren und mit gedämpftem Reis servieren.

TIPP

Vegetarier und Veganer können anstelle des Fisches Süßkartoffeln verwenden, die in Salzwasser vorgegart und dann in der Suppe weich gekocht werden. Oder Sie nehmen grünes Blattgemüse und gekochte Kichererbsen oder grüne Bohnen, die vor dem Servieren einige Minuten in der Suppe erhitzt werden.

NATÜRLICH SCHNELL

REBECCAS STRACCIATELLA

PORTIONEN: 6
VORBEREITUNGSZEIT: 5 MINUTEN • GARZEIT: 12 MINUTEN

2 l hochwertige **Hühnerbrühe**
200 g der kleinsten **Pastasorte**, die Sie auftreiben können, wie **Stelline** oder **Tuffoli**
2 **Eier**
Meersalz und **frisch gemahlener schwarzer Pfeffer**

ZUM SERVIEREN:
1 Handvoll **frische Petersilie**, fein gehackt
frisch geriebener **Parmesan**

Die brillante Rebecca di Mambro ist bei LEON für Innovationen zuständig. In ihren Augen ist dieses Rezept eine der am einfachsten zuzubereitenden und aromatischsten Suppen. Es ist ein traditionelles italienisches Gericht, das für gewöhnlich zu Beginn eines großen Festgelages, wie dem österlichen Mittagessen, aufgetischt wird. In Rebeccas Familie servieren ihr Onkel John und dessen Ehemann Alan es immer als Auftakt des Weihnachtsmenüs.

Die Hühnerbrühe zum Kochen bringen und die Pasta zugeben. Je nach Art der Pasta 8–10 Minuten kochen lassen.

Die Eier in einer kleinen Schüssel verquirlen und mit Salz und Pfeffer würzen.

Sobald die Pasta gar ist, die Temperatur reduzieren, bis die Brühe nur noch sanft köchelt, und das Ei langsam in die Suppe gießen.

Das Ei etwa 30 Sekunden lang stocken lassen, dann kräftig rühren, um es in „kleine Fetzen" (die ungefähre Übersetzung des italienischen Originals) zu teilen.

Mit Petersilie und Parmesan bestreuen und sofort servieren.

TIPP
Eine zusätzliche Handvoll frisch geriebenen Parmesan unter die verquirlten Eier mischen. Eine tolle Ergänzung ist auch ein Spritzer Zitrone.

TOM YAM (YAM YAM)

PORTIONEN: 4 als Vorspeise oder 2 als Hauptmahlzeit
VORBEREITUNGSZEIT: 15 MINUTEN · **GARZEIT:** 12 MINUTEN
GF · MF

- 200 g **rohe Garnelen** aus nachhaltiger Züchtung
- 1 l **kochendes Wasser**
- 1 Stange **Zitronengras**, leicht angedrückt
- 1 großes Stück **Galgant** (ca. 3 cm), grob in Scheiben geschnitten
- 6 **Kaffirlimettenblätter**, zerzupft
- 1 **scharfe rote Chilischote** und 1 **milde grüne Chilischote**, in Ringe geschnitten (wenn Sie es nicht so scharf mögen, die rote Chilischote entkernen und nur die Hälfte verwenden)
- 6 **Knoblauchzehen**, geschält
- 1 TL **Palmzucker** oder **brauner Zucker**
- 50 g **Austernpilze**, in mundgerechte Stücke gezupft
- 1 EL **Fischsauce**, nach Belieben
- Saft von 1 **Limette**, nach Belieben
- **frischer Koriander**, fein gehackt, zum Servieren

Eine erfrischende, würzige Thai-Suppe mit Garnelen und Austernpilzen, aromatisiert mit Chilis, Zitronengras, Galgant und Kaffirlimettenblättern. Sie wird Ihnen gehörig den Kopf (und die Nebenhöhlen) durchpusten. Galgant finden Sie im Asialaden oder in den meisten größeren Supermärkten bei den frischen Kräutern und den Chilischoten.

Das Kochen an sich geht sehr rasch vonstatten, stellen Sie daher alle Zutaten bereit, ehe Sie anfangen. Seien Sie nicht überrascht, dass diese Version der Tom Yam blass ist und nicht rot – die Farbe stammt von der Thai-Chilipaste Nam Prik Pao (siehe Tipp weiter unten) oder fertiger Tom-Yam-Paste.

Die Garnelen schälen und wenn nötig den Darm entfernen (dafür mit einem scharfen Messer an der Rückseite der Garnele entlangfahren und mit der Spitze den langen schwarzen Faden entfernen). Zur Seite stellen.

Das kochende Wasser in einem großen Topf bei mittlerer Temperatur aufsetzen. Zitronengras, Galgant, Kaffirlimettenblätter, Chilis und Knoblauch hineingeben und ca. 8 Minuten köcheln lassen. Bei gleichmäßiger Hitze weitergaren, dann Zucker, Pilze und Garnelen dazugeben. Den Deckel auflegen und 3 Minuten köcheln lassen, bis die Garnelen rosa und durchgegart sind.

Den Topf von der Herdplatte nehmen und Fischsauce sowie Limettensaft einrühren, abschmecken und je nach Belieben noch mehr von beidem hinzufügen.

Die Suppe in großen Schüsseln anrichten, dabei die Zitronengrasstange und so viel wie möglich von den Kaffirlimettenblättern, dem Knoblauch und dem Galgant entfernen (sie eignen sich nicht zum Essen). Mit dem Koriander bestreuen und sofort genießen.

TIPP

Schmeckt auch super mit Hühnchen oder Fisch. Oder probieren Sie eine vegetarische Variante mit asiatischem Blattgemüse, Brokkoli, Bohnen und Paprika in der Brühe. Für die klassische rote Farbe gegen Ende der Garzeit einen Löffel Nam Prik Pao – Thai-Chilipaste – unterrühren.

SUPER-SUPPE

PORTIONEN: 4
VORBEREITUNGSZEIT: 10 MINUTEN · GARZEIT: 12 MINUTEN
WF · GF · V · Ve (ohne Feta)

- 2 EL **Olivenöl**
- 3 **Frühlingszwiebeln**, in feine Ringe geschnitten
- 100 g (ca. 8 cm) **Gurke**, entkernt und grob gehackt
- 800 ml heiße **Gemüsebrühe**
- 300 g (ca. 1 Kopf) **Brokkoli**, in Röschen geteilt
- 350 g **Erbsen**, tiefgefroren
- 1 EL **frische Petersilie**, fein gehackt, plus ein wenig extra zum Servieren
- 1 EL **frische Minze**, fein gehackt, plus ein wenig extra zum Servieren
- 2 TL **Zitronensaft**
- **Salz** und **frisch gemahlener schwarzer Pfeffer**

ZUM SERVIEREN:
- ca. 150 g **Feta**, zerkrümelt
- **gepuffte Samen** (siehe Seite 191)

Diese Suppe ist von unserem Verkaufsschlager, dem Superfood-Salat, inspiriert — jedoch ohne Quinoa. Wir finden Quinoa in der Suppe ein bisschen seltsam.

Gekochte Gurke hingegen ist gar nicht so seltsam, wie es sich anhört. Sautiert in Butter und serviert zu gegrilltem Fisch, schmeckt sie hervorragend und überzeugt auch die größten Skeptiker.

Das Öl in einem großen Topf mit Deckel bei mittlerer Temperatur erhitzen. Frühlingszwiebeln und eine Prise Salz zugeben und 5 Minuten dünsten, ohne dass die Zwiebeln Farbe annehmen. Die Gurkenstücke zufügen und unter Rühren einige Minuten mitgaren. Brühe, Brokkoli und Erbsen dazugeben und zum Kochen bringen. 3–4 Minuten köcheln lassen. Mit den Kräutern, ein wenig Pfeffer und dem Zitronensaft würzen, von der Herdplatte nehmen und die Suppe glatt pürieren. Mit Salz und Pfeffer abschmecken.

Mit dem zerkrümelten Feta und darübergestreuter Petersilie und Minze sowie den gepufften Samen garniert servieren.

TIPP
Frische Erbsen brauchen ein wenig mehr Zeit in der Brühe, geben Sie diese also 5 Minuten vor dem Brokkoli hinzu.

COOLE BOHNEN

PORTIONEN: 4 als Vorspeise oder 2 als Hauptmahlzeit
VORBEREITUNGSZEIT: 20 MINUTEN · GARZEIT: 30 MINUTEN
WF · GF · V (mit Gemüsebrühe)

- 1 Stich **Butter** oder 1 EL **Olivenöl**
- 1 **Zwiebel**, gewürfelt
- 2 **Knoblauchzehen**, zerdrückt
- 6 Stängel **Petersilie**, fein gehackt
- 1 Zweig **frischer Thymian**
- 2 EL **Reis**
- 500 ml heiße **Hühner-** oder **Gemüsebrühe**
- 500 g **dicke Bohnen**, frisch oder tiefgefroren, enthülst, eine Handvoll zum Servieren beiseitelegen
- 4 EL **griechischer Joghurt**
- 1 TL **Zitronensaft**
- **Salz** und **frisch gemahlener schwarzer Pfeffer**

ZUM SERVIEREN:
- **Knoblauchjoghurt** (siehe Seite 170), auf Zimmertemperatur
- 2 TL **frischer Dill**, fein gehackt

Für eine milchfreie, vegane Suppe ersetzen Sie die Butter durch Öl und lassen den Joghurt weg. Der Reis verleiht der Suppe eine samtige Konsistenz, jedoch kein zusätzliches Aroma.

Butter oder Öl in einem großen Topf mit Deckel bei mittlerer Temperatur erhitzen. Die Zwiebeln und eine Prise Salz zugeben und ca. 8 Minuten dünsten, dann Knoblauch, Petersilie und Thymian zufügen. Den Reis einrühren, dann die heiße Brühe angießen. 20 Minuten köcheln lassen, bis der Reis schön weich ist. Die dicken Bohnen zugeben und wieder zum Kochen bringen, gerade so lange, bis alles erhitzt ist. Von der Herdplatte nehmen, den Thymianzweig entfernen und die Suppe glatt pürieren.

Die Suppe zurück in den Topf gießen, aber nicht mehr auf die heiße Herdplatte stellen. Den Joghurt in einer Schüssel mit etwas heißer Suppe verquirlen, dann weitere 2 Esslöffel hinzufügen, um den Joghurt auf Temperatur zu bringen.

Die Joghurtmischung unter die Suppe rühren. Zitronensaft hinzufügen und mit Salz und Pfeffer abschmecken.

Mit einem Klecks Knoblauchjoghurt, frischem Dill und ein paar der übrigen geschälten dicken Bohnen servieren.

TIPP

So wie Erbsen sind auch dicke Bohnen die idealen Partner sowohl für geräuchertes Schweinefleisch als auch für Minze. Ersetzen Sie den Dill doch mal durch frische Minze oder fügen Sie zusammen mit den Zwiebeln fein gehackte Speckstreifen hinzu. Die Hälfte der dicken Bohnen können Sie auch durch Erbsen ersetzen.

KIMCHI-SUPPE NACH KOREANISCHER ART

PORTIONEN: 2
VORBEREITUNGSZEIT: 10 MINUTEN • GARZEIT: 12 MINUTEN
WF · GF · MF

- 1 EL **Sesam-** oder **Pflanzenöl**
- ½ **Zwiebel**, fein gehackt
- 1 TL **koreanische Sriracha-Chilisauce** (oder mehr, wenn Sie es scharf lieben)
- ½ **Zucchini**, in 1 cm große Würfel geschnitten
- 2 getrocknete oder eingelegte **Sardellenfilets** oder 3 Spritzer **Worcestershiresauce**
- 100 g **Kimchi**, abgetropft und fein gehackt, plus 3 EL Flüssigkeit aus dem Glas
- 75 g **Pilze**, in Scheiben geschnitten
- 1 TL **Sojasauce**
- 2 **Knoblauchzehen**, zerdrückt
- 600 ml heiße **Hühner-** oder **Gemüsebrühe**
- 200 g **Seidentofu**
- 2 **Eier** (optional)
- **Frühlingszwiebeln**, fein gehackt, zum Garnieren

Kimchi ist eine koreanische sauer-pikante Beilage aus fermentiertem Kohl und Chilis. Sie erhalten es in größeren Supermärkten, Asialäden oder online. Diese würzige, aromatische Suppe ist von einem koreanischen Gericht namens Sundubu Jjigae inspiriert. Sie ist einfach zuzubereiten und hat es ordentlich in sich, obendrein ist sie auch noch schrecklich gesund. Mit gedämpftem Reis servieren.

Einen breiten, tiefen Topf bei mittlerer Temperatur aufsetzen. Öl, Zwiebeln, Sriracha-Sauce, Zucchini, Sardellenfilets oder Worcestershiresauce, abgetropftes Kimchi, Pilze und Sojasauce hineingeben. Unter gelegentlichem Rühren 5 Minuten andünsten. Den Knoblauch hinzufügen und 1 Minute mitgaren, dann die Brühe und die Kimchi-Flüssigkeit zugießen und alles zum Kochen bringen.

Seidentofu ist sehr weich, öffnen Sie die Packung daher vorsichtig. Mit einem Messer oder Löffel in große Stücke teilen und in die köchelnde Brühe gleiten lassen. Nicht allzu heftig rühren, sonst fällt der Tofu auseinander.

3 Minuten garen lassen. Die Brühe kosten und nach Bedarf noch mehr von der scharfen Sriracha-Sauce zugeben. Den Herd abschalten und die Eier in die Suppe aufschlagen. In der Brühe nach Belieben pochieren (ca. 2 Minuten) und sofort servieren, dabei Eier und Tofu vorsichtig in die Schüsseln verteilen. Mit den Frühlingszwiebeln garnieren.

TIPP

Wenn Sie die Sardellenfilets oder die Worcestershiresauce sowie die Eier weglassen, wird das Gericht vegetarisch bzw. vegan. Fleischliebhaber können vor dem Tofu dünne Streifen Schweinebauch oder Steak in die Brühe geben; 15 Minuten garen lassen.

BROKKOLI & BLAUSCHIMMELKÄSE

PORTIONEN: 4
VORBEREITUNGSZEIT: 5 MINUTEN · GARZEIT: 35 MINUTEN
WF · GF · V (mit Gemüsebrühe)

Eine gesunde, bekömmliche Kombination vitaminreicher Gemüsesorten und reichhaltigem Käse. Eine Quiche in der Schüssel. Auf die gute Art und Weise.

- 2 EL **Butter** oder **Olivenöl**
- 2 **Zwiebeln**, gewürfelt
- 200 g (ca. 2 mittelgroße) **Kartoffeln**, gewürfelt
- 1 l heiße **Hühner-** oder **Gemüsebrühe**
- ca. 500 g (2 Köpfe) **Brokkoli**, grob in Röschen geteilt
- 1 ½ TL **Zitronensaft**
- 75–150 g **Blauschimmelkäse**, in kleine Stücke zerkrümelt, plus ein wenig extra zum Servieren
- 1 Prise frisch geriebene **Muskatnuss**
- 3 EL **Sahne** oder **Crème double** (optional), plus ein wenig extra zum Servieren
- **Salz** und **frisch gemahlener schwarzer Pfeffer**
- 6 EL **Mandelblättchen**, zum Servieren

Butter oder Öl in einem großen Topf bei niedriger Temperatur erhitzen. Zwiebeln und eine Prise Salz hineingeben und ca. 10 Minuten andünsten, bis die Zwiebeln weich sind. Die Kartoffelwürfel und die heiße Brühe hinzufügen und ca. 12 Minuten simmern lassen, bis die Kartoffeln weich sind.

In der Zwischenzeit die Mandelblättchen in einer heißen Pfanne in 2–3 Minuten goldbraun rösten – darauf achten, dass sie nicht anbrennen. Bis zum Servieren zur Seite stellen.

Brokkoli und Zitronensaft zur Suppe geben und 5 Minuten köcheln lassen, bis der Brokkoli gerade weich ist. Den Herd ausschalten und die Suppe mit einem Standmixer sämig glatt pürieren. Wieder in den Topf zurückgeben, die Herdplatte jedoch nicht mehr einschalten. 75 g vom Käse hineinkrümeln und rühren, bis er sich komplett aufgelöst hat. Abschmecken und nach Belieben noch mehr Käse hinzufügen – das hängt davon ab, wie intensiv er ist.

Mit Muskatnuss und etwas schwarzem Pfeffer würzen. Nach Belieben Sahne unterrühren. Bestreut mit den gerösteten Mandelblättchen und etwas Käse sowie einem dekorativen Spritzer Sahne servieren.

TIPP

Wenn Sie die Suppe erneut aufwärmen wollen, nicht mehr aufkochen lassen, da der Käse sonst gerinnt und klumpig wird.

MOHINGA

PORTIONEN: 2
VORBEREITUNGSZEIT: 15 MINUTEN • GARZEIT: 35 MINUTEN
WF · GF · MF

- 1 großes Stück **frischer Ingwer** (3 cm), geschält
- 2 **Knoblauchzehen**
- 1 Stange **Zitronengras**
- ⅛ TL **Chilipulver**
- 1 TL **gemahlene Kurkuma**
- 1 EL **geschmacksneutrales Öl**, bei Bedarf etwas mehr
- 3 **Schalotten**, in feine Scheiben geschnitten
- 2 EL **Reismehl**
- 2 EL **Kichererbsenmehl**
- 1 l heißen **Fischfond** (nicht aus Würfeln, siehe Seite 216)
- 2 TL **Fischsauce**
- 350 g **weißfleischiger Fisch** (**Kabeljau**, **Brasse** oder **Schellfisch**), grob in Stücke geteilt
- 100 g **Reisfadennudeln**, gegart
- **Salz**

EINIGE ODER ALLE DER FOLGENDEN ZUTATEN ZUM SERVIEREN:
- **knusprige Zwiebeln** (siehe Seite 193)
- 2 **marinierte Eier** (siehe Seite 66)
- **frische Korianderblätter**, grob gehackt
- **Limettenspalten**
- 2 **Frühlingszwiebeln**, fein gehackt
- 1 TL **rote Chilischoten**, fein gehackt

Mohinga ist eine burmesische Fischsuppe, die oft am Straßenrand zubereitet und zum Frühstück verzehrt wird. Sie wird mit Wels zubereitet, Sie können jedoch auch jeden anderen Fisch mit festem weißen Fleisch verwenden.

Beginnen Sie mit der Zubereitung der knusprigen Zwiebeln und der marinierten Eier (siehe Seiten 193 und 66), wenn Sie diese verwenden.

Ingwer, Knoblauch, Zitronengras, Chilipulver, Kurkuma und Öl in der Küchenmaschine zu einer groben Paste verarbeiten. Die Mischung in einem großen Topf bei niedriger Temperatur erhitzen. Einige Minuten sanft anbraten, dann die Schalotten und eine Prise Salz hinzufügen. Eventuell noch mehr Öl zugeben, falls der Topf trocken wirkt oder die Mischung am Topfboden anlegt. 10 Minuten unter Rühren anbraten, ohne dass die Schalotten braun werden.

Reismehl und Kichererbsenmehl separat in einer trockenen Pfanne bei mittlerer Temperatur rösten, bis sie hellbraun sind – das dauert nur 1–2 Minuten. Die gerösteten Mehlsorten in die Fischbrühe rühren, dann zu den Schalotten und der Gewürzmischung mitsamt der Fischsauce geben. 10 Minuten köcheln lassen, bis die Suppe eingedickt ist, dabei gelegentlich umrühren und achtgeben, dass nichts am Boden anlegt.

Zum Schluss den Fisch und die gegarten Nudeln zugeben. 3 Minuten köcheln lassen. Die Suppe in tiefen, breiten Schüsseln anrichten und je nach Belieben mit knusprigen Zwiebeln, Eiern, Korianderblättern, Limettenspalten, gehackten Frühlingszwiebeln und Chilis servieren.

GERÖSTETE ROTE PAPRIKA

PORTIONEN: 4
VORBEREITUNGSZEIT: 10 MINUTEN · GARZEIT: 35 MINUTEN
WF · GF · MF · (V · Ve mit Gemüsebrühe)

5 **rote Paprikaschoten**
3 EL **Olivenöl**
2 **Zwiebeln**, gewürfelt
2 **Karotten**, gewürfelt
2 Stangen **Staudensellerie**, gewürfelt
1 **Knoblauchzehe**, fein gehackt
1 TL **Tomatenmark**
1 TL **geräuchertes Paprikapulver**
800 ml heiße **Hühner-** oder **Gemüsebrühe**
Salz und **frisch gemahlener schwarzer Pfeffer**

ZUM SERVIEREN:
natives Olivenöl extra
Gremolata (siehe Seite 179)

Sie können schummeln und Paprikas aus dem Glas verwenden, aber Sie erzielen niemals dasselbe herrlich rauchige Aroma, das Sie bekommen, wenn Sie die Paprikaschoten selber rösten. Knusprige Chorizowürfel (siehe Seite 192) machen sich ganz hervorragend dazu.

Wenn Sie über einen Gasherd verfügen, können Sie die roten Paprikaschoten direkt über eine offene Gasflamme halten und unter Drehen rösten, bis sie überall schwarze Blasen aufweisen. Alternativ können Sie sie halbieren und mit der Hautseite nach oben bei höchster Grillstufe im Ofen rösten, bis sie ebenso aussehen.

Dann die Paprikaschoten in einen Gefrierbeutel füllen und ausdampfen bzw. abkühlen lassen.

In der Zwischenzeit das Öl in einem großen Topf bei mittlerer Temperatur erhitzen. Zwiebeln, Karotten, Sellerie, eine Prise Salz und Pfeffer hineingeben und unter Rühren 10 Minuten andünsten. Knoblauch und Tomatenmark zugeben und einige Minuten weiterrühren. Paprikapulver und Brühe hinzufügen und alles zum Kochen bringen. 10 Minuten köcheln lassen, bis das Gemüse weich ist.

Die Paprikaschoten sollten jetzt ausreichend abgekühlt sein, um sie weiterverarbeiten zu können. Die geschwärzte Haut abreiben und entfernen, dann die Stiele, die Samen und die weißen Zwischenräume entfernen. (Nicht abspülen, da damit auch der Geschmack verloren geht.) In mundgerechte Stücke schneiden und für ca. 5 Minuten in der Brühe köcheln. Den Topf von der Herdplatte nehmen und die Suppe glatt pürieren. Mit Salz und Pfeffer abschmecken. Sollte die Suppe nicht sämig genug sein, noch ein wenig einkochen lassen – Paprikas können eine Menge Flüssigkeit abgeben.

Mit etwas Olivenöl beträufeln und mit Gremolata garniert servieren.

> \\\ TIPP ///
>
> Für eine besonders cremige Suppe geben Sie einen Löffel Sahne oder Saure Sahne in jede Schüssel. Für einen mexikanischen Touch nehmen Sie statt der oben erwähnten Toppings gehackte Avocado, Feta, Koriander, frische Limette und Chili oder gleich einen Klecks Guacamole (siehe Seite 178).

AJO BLANCO

PORTIONEN: 4 als kleine Vorspeise
VORBEREITUNGSZEIT: 5–15 MINUTEN · ZEIT ZUM KÜHLEN: mindestens 2 STUNDEN
MF · V · Ve

1 Scheibe **leicht altbackenes Weißbrot**, die Rinde entfernt
100 g **blanchierte Mandeln**
2 **Knoblauchzehen**, zu einer Paste zerrieben
100 ml **natives Olivenöl extra**
1 EL **Sherry-Essig**
250–300 ml **eiskaltes Wasser**
Salz

ZUM SERVIEREN:
natives Olivenöl extra
4 **grüne Trauben**, halbiert
4 **Apfelspalten**
4 **Gurkenscheiben**, halbiert
frisch gemahlener schwarzer Pfeffer

Für eine richtig authentische Ajo Blanco, eine eisgekühlte Mandel-Knoblauch-Suppe aus Spanien, sollten Sie die Mandeln selbst blanchieren. Da der Job jedoch ein wenig fummelig ist (unblanchierte Mandeln 5 Minuten in kochendes Wasser legen, dann die Haut entfernen), finden wir es auch ok, blanchierte Mandeln aus dem Supermarkt zu verwenden. Die Suppe ist sowohl sehr gehaltvoll als auch sehr knoblauchlastig – servieren Sie sie daher in kleinen Mengen.

Das Brot in kleine Stückchen zupfen. In eine Schüssel geben und mit ein paar Esslöffel Wasser bedecken. 5 Minuten einweichen lassen.

Brot, Mandeln, Knoblauchpaste, Öl, Essig und eine Prise Salz mit 100 ml des eiskalten Wassers glatt pürieren. Mandeln, die sich nicht direkt pürieren lassen, mit einem Spatel von den Messern des Mixers lösen. Bei Bedarf noch etwas Wasser hinzufügen, bis die Suppe die Konsistenz von flüssiger Sahne aufweist. Vor dem Servieren mindestens 2 Stunden kalt stellen. Mit Salz und Essig abschmecken.

In 4 kleine Schüsseln verteilen, etwas Olivenöl darüberträufeln und mit Trauben, Apfelspalten, Gurkenscheiben und schwarzem Pfeffer garnieren.

ZUCCHINI & KRÄUTER

PORTIONEN: 2
VORBEREITUNGSZEIT: 5 MINUTEN • GARZEIT: 25 MINUTEN
WF · GF

2 EL **Olivenöl**
500 g **Zucchini**, grob gehackt
2 **Knoblauchzehen**, geviertelt
450 ml heiße **Hühner-** oder **Gemüsebrühe**
1 EL **frische Petersilie**, sehr fein gehackt
1 EL **frisches Basilikum**, sehr fein gehackt
1 Prise **Muskatnuss**, plus ein wenig extra zum Servieren
Salz und **frisch gemahlener schwarzer Pfeffer**

ZUM SERVIEREN:
frisch geriebener **Parmesan**
3 EL **Crème double**

Diese Suppe ist herrlich sommerlich und lässt sich an einem heißen, sonnigen Tag auch eisgekühlt servieren.

Das Öl in einem großen Topf bei sehr niedriger Temperatur erhitzen. Zucchini, Knoblauch und eine Prise Salz hineingeben. Das Gemüse unter ständigem Rühren sehr sanft 20–25 Minuten köcheln lassen, bis die Zucchini weich sind und der Knoblauch gerade anfängt, Farbe anzunehmen.

Die Brühe angießen, die Temperatur erhöhen und 2 Minuten köcheln lassen. Den Topf von der Herdplatte nehmen, die gehackten Kräuter dazugeben und die Suppe pürieren, bis sie glatt und leuchtend grün ist.

Muskatnuss und wenn nötig ein wenig Salz und Pfeffer unterrühren. Jede Portion mit großzügig geriebenem Parmesan, einem Klecks Crème double und etwas Muskatnuss garnieren.

TIPP

Basilikum und Petersilie können auch durch einen Zweig frische Minze ersetzt werden.

PUY-LINSEN, SPECK & SENFSAHNE

PORTIONEN: 2
VORBEREITUNGSZEIT: 10 MINUTEN · GARZEIT: 40 MINUTEN
WF · GF

1 EL **geschmacksneutrales Öl**
1 Stich **Butter**
2 Streifen **durchzogener Räucherspeck**, sehr fein gewürfelt
2 **Schalotten**, sehr fein gewürfelt
2 **Knoblauchzehen**, zerdrückt
150 g **Puy-Linsen**, abgespült
750 ml **heißes Wasser**
2 Stängel **frische Petersilie**
1 **Lorbeerblatt**
100 g **Mangold**, nur die Blätter (2–3 große Blätter), in feine Streifen geschnitten
4 EL **Sahne**, auf Zimmertemperatur
2 TL **Dijon-Senf**
2 TL **Zitronensaft**
Salz und **frisch gemahlener schwarzer Pfeffer**

ZUM SERVIEREN:
frische Petersilienblätter, fein gehackt
Frühlingszwiebeln oder **frischer Schnittlauch**, fein gehackt

Dies ist eine Variante des klassisch französischen Puy-Linsen-Salats — aufgewärmt und in eine reichhaltige Suppe mit Senftopping verwandelt.

Das Öl in einem großen Topf mit Deckel bei mittlerer Temperatur erhitzen. Die Butter hinzufügen und, sobald diese heiß ist, auch den Speck. Anbraten, bis dieser gerade anfängt, knusprig zu werden. Die Schalotten dazugeben und unter Rühren ca. 7 Minuten anbraten, bis sie glasig sind, aber noch nicht braun. Den Knoblauch einrühren und 1 Minute mitbraten.

Puy-Linsen, Wasser, Petersilie und Lorbeer in den Topf geben und zum Kochen bringen. Bei geschlossenem Deckel 20–25 Minuten köcheln lassen, bis die Linsen weich sind (im Gegensatz zu anderen Linsen werden Puy-Linsen nicht weich und matschig, sondern behalten beim Kochen ihre Form). Mit einer Prise Salz und etwas frisch gemahlenem schwarzen Pfeffer würzen und den Mangold hinzufügen. Köcheln lassen, bis der Mangold geradeso zusammengefallen ist.

In der Zwischenzeit Sahne und Senf verrühren.

Den Topf mit den Linsen von der Herdplatte nehmen und den Zitronensaft einrühren, dann das Lorbeerblatt und die Petersilienstängel entfernen. Mit Salz und Pfeffer abschmecken. Die Suppe mit ein, zwei Esslöffel Senfsahne, der gehackten Petersilie und den Frühlingszwiebeln bzw. dem Schnittlauch servieren.

DU MACHST MISO GLÜCKLICH

PORTIONEN: 4
VORBEREITUNGSZEIT: 10 MINUTEN • GARZEIT: 5 MINUTEN
WF · GF · MF · (**V · Ve** mit Kombu- oder Gemüsebrühe)

- 150 g **fester Seidentofu**
- 1 Handvoll **getrocknete Wagame-Algen**, klein geschnitten
- 1 l heiße **Dashi-Brühe, Kombu-Brühe** oder **Gemüsebrühe**
- 4 EL **Misopaste**
- 150 g **Pak Choi** oder anderes **asiatisches Blattgemüse**, fein gehackt
- 2 **Frühlingszwiebeln**, sehr fein gehackt

Miso-Suppe besteht aus Dashi-Brühe, die ihren vollen Umani-Geschmack aus einer Mischung von Algen, Pilzen und getrocknetem Bonito-Fisch erhält. Wenn Sie die Suppe für Vegetarier zubereiten, dann sollten Sie anstelle der Dashi-Brühe entweder Kombu-Brühe oder sehr hochwertige Gemüsebrühe nehmen, die ohne Fisch auskommt. Sowohl Misopaste als auch Dashi in Säckchen oder Pulverform sind online, im Asialaden oder in größeren Supermärkten erhältlich.

Die Tofupackung sehr vorsichtig öffnen, damit der Tofu nicht zerbricht oder zerbröselt, dann in 1 cm große Würfel schneiden.

Die Wakame-Algen in eine Schüssel mit heißem Wasser legen und einweichen lassen.

Die Brühe in einen Topf geben und bei niedriger Temperatur aufsetzen. Die Misopaste mit einigen Esslöffel heiße Brühe vermischen, dann in den Rest der Suppe einrühren. Tofu und Gemüse hinzufügen und 1 Minute garen lassen.

Den Topf von der Herdplatte nehmen und die Suppe in 4 Schüsseln verteilen. Zum Schluss die abgetropften Algen und die Frühlingszwiebeln verteilen.

TIPP

Eingelegten Ingwer (siehe Seite 194) dazu servieren. Mehr Substanz erhält die Suppe, wenn Sie etwas gegrillten Fisch, sautierte Pilze oder Nudeln hinzufügen. Miso setzt sich am Boden ab, also vor jedem Löffel gut umrühren.

HÜHNERSUPPE

PORTIONEN: 4
VORBEREITUNGSZEIT: 10 MINUTEN • GARZEIT: 1 STUNDE 10 MINUTEN
MF

- 1 **Hühnchen** (ca. 1,5 kg)
- 2 **Karotten**, geschält und grob gehackt
- 2 Stangen **Lauch**, ohne die äußeren Blätter und die grünen Enden, grob gehackt
- 1 Stange **Staudensellerie**, grob gehackt
- ½ **Zwiebel**, grob gehackt
- 1 **Knoblauchzehe**, im Ganzen, mit der flachen Seite eines Messers angedrückt
- 10 **schwarze Pfefferkörner**
- 225 g **Spaghetti**, **Tagliatelle** oder **Linguine**, in kurze Stücke gebrochen, oder eine andere kurze Pastasorte
- **Salz** und **frisch gemahlener schwarzer Pfeffer**

Diese wohltuende Hühnerbrühe für kalte Wintertage ist ein Dauerbrenner auf der Speisekarte von LEON. Als Rebecca klein war, bereitete ihr Vater an Wochenenden auch eine schlichte Version dieser Suppe zu, die ihr bis heute am liebsten ist. Wir haben hier jedoch gegen Ende der Garzeit ein paar Karotten und frischen Lauch hinzugefügt (das Gemüse, mit dem die Brühe zubereitet wird, ist dann schon zu matschig und wird am besten entfernt). Verfolgen Sie zum Spaß einmal die hitzigen Online-Diskussionen, ob diese Suppe medizinische Eigenschaften hat. Wie stehen Sie eigentlich dazu?

Einen Topf, der groß genug für das Hühnchen und die Gemüsesorten ist, bei mittlerer Temperatur aufsetzen. Das Hühnchen in den Topf geben und die Hälfte von Karotten und Lauch sowie Sellerie, Zwiebeln und Knoblauch rundherum verteilen. Ausreichend kochendes Wasser angießen, um das Hühnchen zu bedecken, dann die Pfefferkörner und eine gute Prise Salz hinzufügen. Zum Kochen bringen, die Temperatur reduzieren und den Deckel auflegen.

Das Hühnchen ca. 1 Stunde lang köcheln. (Sollten Teile des Hühnchens nicht von Flüssigkeit bedeckt sein, nach der Hälfte der Garzeit mithilfe einer Küchenzange umdrehen.) Den Topf von der Herdplatte nehmen und das Hühnchen in der Brühe abkühlen lassen. Sobald es ausreichend abgekühlt ist, aus der Brühe nehmen, abtropfen lassen und auf ein Küchenbrett legen. Das Fleisch von den Knochen lösen, Haut und Knochen entsorgen. Das Fleisch in mundgerechte Stücke teilen und zur Seite stellen.

Schaum und Fett, die sich auf der Oberfläche gebildet haben, abschöpfen, dann die Brühe in eine Schüssel abseihen, dabei das zerkochte Gemüse auffangen. Die Brühe zurück in den Topf geben und das Fleisch hinzufügen. Noch einmal abschmecken – vermutlich werden Sie eine großzügige Prise Salz und reichlich frisch gemahlenen schwarzen Pfeffer zugeben wollen.

Den Topf zurück auf die Herdplatte stellen, die Brühe zum Köcheln bringen und die Spaghetti hineingeben. Ca. 7 Minuten kochen, bis die Nudeln al dente sind, nach der Hälfte der Zeit die restlichen Karotten- und Lauchstücke zugeben. Sofort servieren.

\\\ TIPP ///

In den letzten Minuten der Garzeit eine Handvoll tiefgefrorenen Mais oder klein gehackte Pilze, die sanft in Butter gedünstet wurden, in die Brühe geben. Für eine glutenfreie Version können Sie Reisnudeln nehmen.

WINTERMINESTRONE

PORTIONEN: 4
VORBEREITUNGSZEIT: 10 MINUTEN · GARZEIT: 50 MINUTEN
MF (ohne Käse)

- 1 EL **Olivenöl**
- 1 **Zwiebel**, fein gewürfelt
- 1 Stange **Lauch**, geputzt und fein gehackt
- 1 **Karotte**, fein gewürfelt
- 1 Stange **Staudensellerie**, fein gewürfelt
- 75 g (ca. 2 Streifen) **Räucherspeck** oder **Pancetta** (optional), fein geschnitten
- 1 **Knoblauchzehe**, zerdrückt
- 2 TL **Tomatenmark**
- 200 g **gehackte Tomaten aus der Dose**
- 750 ml heiße **Hühner-** oder **Gemüsebrühe**
- 1 kleine Prise **frische Thymianblätter**
- 1 **Lorbeerblatt**
- 1 Dose **Cannellini-Bohnen** (à 440 g), abgetropft
- 85 g **kleinteilige Pasta** wie **Macaroni**, **Spaghettistückchen** oder kleine **Muschelnudeln**
- 100 g **Grünkohl** oder **Wirsing**, die Blattrippen entfernt, Blätter klein geschnitten
- **Salz** und **frisch gemahlener schwarzer Pfeffer**
- frisch geriebener **Parmesan**, zum Servieren

Es gibt Dutzende Rezepte für Minestrone, was auf Italienisch ungefähr „große Suppe" („Maxistrone") bedeutet. Sie kann zu jeder Jahreszeit zubereitet werden, mit jeder Art von saisonalem Gemüse, das Sie gerade zu Hause haben. Die einzige Regel – wenn man überhaupt von einer sprechen kann – ist die, dass Sie eine kleine Portion Stärke verwenden müssen. Das können Nudeln, Kartoffeln oder Hülsenfrüchte sein, oder eine Kombination davon (siehe auch die Frühlingsminestrone mit Pesto auf Seite 112).

Die Angewohnheit, Dosentomaten in die Minestrone zu geben, ist eine britische und keine italienische Erfindung, aber eine, die Rebecca schon von klein auf liebt. Speck oder Pancetta ist nicht essenziell. Wenn Sie jedoch welchen verwenden, schneiden Sie ihn in ganz kleine Stückchen, da Sie sonst leicht gummiartige, wenig appetitliche Streifen gekochtes Fleisch bekommen und doch eigentlich nur ein bisschen Speckaroma in der Brühe haben wollten.

Das Öl in einem großen Topf mit Deckel bei mittlerer Temperatur erhitzen. Sobald es heiß ist, Zwiebeln, Lauch, Karotten, Sellerie und Salz dazugeben und unter Rühren ca. 10 Minuten andünsten. Das Gemüse soll nicht unbedingt Farbe annehmen, daher die Hitze reduzieren, sobald es anfängt, braun zu werden. Als Nächstes den Speck, wenn er verwendet wird, den Knoblauch und das Tomatenmark zufügen und weitere 5 Minuten unter Rühren anbraten.

Die Tomaten zugießen und ca. 1 Minute garen, dann Brühe, Thymian und Lorbeer dazugeben. Zum Köcheln bringen und bei geschlossenem Deckel ca. 20 Minuten simmern lassen.

Bohnen, Pasta und Grünkohl bzw. Wirsing einrühren und 1 Minute weniger lang garen lassen, als auf der Pastapackung angegeben ist oder bis die Pasta gerade so al dente ist. Abschmecken und bei Bedarf nachwürzen. Wenn die Suppe eher einem Eintopf als einer Suppe gleicht, noch etwas kochendes Wasser zugeben – Pasta kann beim Kochen eine Menge Wasser aufnehmen.

In großen Schüsseln mit großzügig darüber geriebenem Parmesan servieren.

TIPP

Rebecca hat mal an einem Videodreh mit Gordon Ramsay (Trommelwirbel!) mitgearbeitet – er hat anstelle von Parmesan Feta genommen: zum Niederknien.

LAUCH-KARTOFFEL-SUPPE

PORTIONEN: 4
VORBEREITUNGSZEIT: 10 MINUTEN • GARZEIT: 25 MINUTEN
WF · GF · V (mit Gemüsebrühe)

- 1 EL **Olivenöl** oder 1 Stich **Butter**
- 2 **Zwiebeln**, gewürfelt
- 4 Stangen **Lauch**, geputzt und in Ringe geschnitten
- 4 Zweige **frischer Thymian**
- 500 g (ca. 4 mittelgroße) **mehligkochende Kartoffeln**, geschält und gewürfelt
- 1 l heiße **Hühner-** oder **Gemüsebrühe**
- 250 ml **Vollmilch**
- 125 g **Sahne**
- **Salz** und **frisch gemahlener schwarzer Pfeffer**
- **frischer Schnittlauch**, fein gehackt, zum Servieren

Made by Marion. Eine schlichte, wärmende, klassische Suppe und eine Spezialität von Johns Mutter.

Öl oder Butter in einem großen Topf mit Deckel bei mittlerer Temperatur erhitzen. Zwiebeln, Lauch, eine Prise Salz und Pfeffer dazugeben und 10 Minuten unter Rühren sanft anschwitzen. Dann Thymian, Kartoffeln und Brühe hinzufügen. Zum Köcheln bringen und bei geschlossenem Deckel 10–15 Minuten garen, bis die Kartoffeln weich sind.

Die Milch zugießen, wieder zum Kochen bringen, dann den Topf von der Herdplatte nehmen. Den Thymian entfernen. Einen Teil oder die gesamte Suppe glatt pürieren. Die Sahne einrühren. Mit Salz und Pfeffer abschmecken und mit Schnittlauch bestreut servieren.

TIPP

Kurz vor dem Servieren ein paar knusprige Pancettawürfel (siehe Seite 192), geriebenen Parmesan und frische Thymianblättchen drüberstreuen.

BREXICAN

PORTIONEN: 4
VORBEREITUNGSZEIT: 15 MINUTEN • GARZEIT: 1 STUNDE
WF • **GF** (Maischips kontrollieren) • **V** • (**MF** • **Ve** ohne Sahne und Käse)

- 2 EL **Olivenöl**
- 2 **Zwiebeln**, fein gewürfelt
- 1 **grüne Paprikaschote**, fein gewürfelt
- 5 **Knoblauchzehen**, zerdrückt
- 3 Dosen **schwarze Bohnen** (à 400 g, ca. 650 g Abtropfgewicht)
- 1,4 l heiße **Gemüsebrühe**
- 1 **Lorbeerblatt**
- ½ TL **getrockneter Oregano**
- 1 TL **Kreuzkümmel**, gemahlen
- 1 TL **Chipotle-Paste** (optional)
- 2 TL **Apfelessig**
- 2 EL **Limettensaft**, plus ein wenig extra zum Abschmecken und für das Topping
- **Salz**

ZUM SERVIEREN:
- 2 **Schalotten**, fein gewürfelt
- 2 **Tomaten**, fein gewürfelt
- 1 **Avocado**, gewürfelt
- **Saure Sahne** oder zerkrümelter oder **cremiger Feta** (siehe Seite 182) (optional)
- 1 Handvoll zerkrümelte **Maischips**

Brexican ist ein Mischmasch aus einer brasilianischen und einer mexikanischen Suppe – das Ergebnis ist nicht nur äußerst aromatisch, sondern auch wahnsinnig gesund.

Das Öl in einem großen Topf mit Deckel bei niedriger Temperatur erhitzen. Sobald es heiß ist, Zwiebeln, grüne Paprika und Salz hinzufügen. Das Gemüse ca. 6 Minuten unter Rühren sanft anschwitzen. Knoblauch dazugeben und 1 Minute braten, dann die Bohnen und die Brühe zusammen mit Lorbeer, Oregano, Kreuzkümmel und Chipotle-Paste, wenn verwendet, hinzufügen. Zum Kochen bringen, die Temperatur reduzieren und bei geschlossenem Deckel 45 Minuten köcheln lassen.

Die Bohnen in der Suppe sollten nun bereits beginnen aufzubrechen. Das Lorbeerblatt herausfischen. Für eine cremigere Konsistenz die Hälfte der Suppe pürieren. Sollte sie nach dem Pürieren noch zu dünn sein, die Temperatur erhöhen und die Suppe noch etwas eindicken lassen. Essig und Limettensaft unterrühren, dann abschmecken und bei Bedarf mehr Salz, Limettensaft oder Chipotle-Paste zugeben.

Sobald die Suppe fertig ist, die gewürfelten Schalotten, Tomaten und Avocados in eine Schüssel füllen. Etwas Limettensaft darüber auspressen, eine Prise Salz zugeben und vermischen. Die Suppe in Schüsseln verteilen und mit einem Klecks Saure Sahne oder Feta, dem angemachten Gemüse und den zerkrümelten Maischips anrichten. Sofort servieren.

TIPP

Zusammen mit den Bohnen ein Stück Räucherspeck hinzufügen. Kurz vor dem Servieren das Fleisch klein schneiden und wieder in die Suppe geben.

GULASCHSUPPE

PORTIONEN: 4
VORBEREITUNGSZEIT: 15 MINUTEN • GARZEIT: bis zu 2 ½ STUNDEN

1 EL **Pflanzenöl**
500 g **Rindfleisch**, in 0,5 cm breite Streifen geschnitten
1 **Zwiebel**, gewürfelt
1 **grüne Paprikaschote**, entkernt und in ca. 2 cm große Stücke geschnitten
800 ml selbst gemachte **Rinderbrühe** (siehe Seite 215) oder **Hühnerbrühe** aus Würfeln
2 gehäufte EL hochwertiges **edelsüßes Paprikapulver**, idealerweise ungarisches, plus ein wenig extra zum Servieren
¼ TL **Kümmelsamen** (optional)
1 gehäufter EL **Mehl**
300 g (ca. 3 mittelgroße) **Kartoffeln**, geschält und in 2 cm große Würfel geschnitten
1–3 TL frisch gepresster **Zitronensaft**
Salz und **frisch gemahlener schwarzer Pfeffer**
4 EL **Saure Sahne**, zum Servieren

Für dieses ungarische Gericht gibt es kein bestimmtes Rezept. Köche in ganz Europa und Amerika haben es sich angeeignet und Gemüsesorten wie Tomaten, Karotten und Pastinaken hinzugefügt oder Nudeln und Knödel anstelle von Kartoffeln in der Suppe mitgekocht. Kümmel hat einen sehr speziellen Geschmack, also lassen Sie ihn weg, wenn Sie ihn nicht mögen. Die einzige unerlässliche Zutat ist tiefrotes edelsüßes Paprikapulver (nicht scharf oder geräuchert) von guter Qualität – nehmen Sie das Beste, das Sie finden können.

Das Öl in einem großen Topf mit Deckel bei hoher Temperatur erhitzen. Das Rindfleisch, wenn nötig portionsweise, darin von allen Seiten anbraten. Ist der Topf zu voll, schmort das Fleisch, anstatt zu braten. Das Fleisch aus dem Topf nehmen und zur Seite stellen, die Temperatur reduzieren, Zwiebeln und Paprika hinzufügen und unter Rühren ca. 8–10 Minuten anbraten, bis die Zwiebeln anfangen, Farbe anzunehmen.

Das Fleisch zurück in den Topf geben und Brühe, Paprikapulver, Kümmel (optional), eine Prise Salz und reichlich schwarzen Pfeffer zugeben.

Die Temperatur weiter reduzieren und das Gulasch bei geschlossenem Deckel 1–2 Stunden sanft köcheln lassen, bis das Fleisch anfängt auseinanderzufallen.

Sobald das Fleisch richtig weich ist, 4 Esslöffel Brühe entnehmen, mit dem Mehl verquirlen und zusammen mit den gewürfelten Kartoffeln zurück in den Topf geben. Den Deckel wieder auflegen und ca. 12–15 Minuten weiterkochen, bis die Kartoffeln weich sind.

Sobald Kartoffeln und Fleisch gar sind, die Brühe mit Salz und Pfeffer abschmecken und nach Belieben den Zitronensaft zugeben. In großen Schüsseln servieren, garniert mit einem Klecks Saure Sahne und einer Prise Paprikapulver.

SUPPE MIT SPINAT, WÜRSTCHEN & ORZO

PORTIONEN: 4
VORBEREITUNGSZEIT: 15 MINUTEN • GARZEIT: 30 MINUTEN

6 **Würstchen** – am besten mit Zwiebeln und Knoblauch
2 EL **Olivenöl**
1 **Zwiebel**, gewürfelt
1 **Karotte**, grob gehackt
1 Stange **Staudensellerie**, gewürfelt
2 **Knoblauchzehen**, zerdrückt
1 EL **Tomatenmark**
1 großzügige Prise **frisch gemahlene Muskatnuss**
1 kleine Prise **getrockneter Oregano**
800 ml heiße **Hühner-** oder **Gemüsebrühe**
1 **Lorbeerblatt**
100 g **Orzo** oder eine andere kleinteilige **Pastasorte**
150 g **Spinat**, die Stiele entfernt und grob gehackt
2 EL **Sahne** oder **Crème double**
Salz und **frisch gemahlener schwarzer Pfeffer**

ZUM SERVIEREN:
frische Petersilie, fein gehackt
frisches Basilikum, fein gehackt
frisch geriebener **Parmesan**

Orzo ist die perfekte Pasta für die Suppe – sie sieht aus wie Reis, hat eine kurze Garzeit und nimmt dabei den Geschmack der Suppe an.

Die Wursthäute entfernen und das Brät zu kleinen Bällchen formen. Das Öl in einem großen Topf mit Deckel erhitzen und die Bällchen bei mittlerer Hitze anbraten. Sobald sie von allen Seiten schön braun sind, aus dem Topf nehmen und zur Seite stellen. Die Temperatur reduzieren und Zwiebeln, Karotten, Sellerie und eine Prise Salz und Pfeffer hineingeben. 10 Minuten sautieren, bis das Gemüse weich ist und anfängt, Farbe anzunehmen.

Knoblauch und Tomatenmark hinzufügen und 2 Minuten rühren. Dann Muskatnuss, Oregano, Brühe und Lorbeerblatt zugeben und zum Simmern bringen. 10 Minuten köcheln lassen.

Orzo, Spinat und Fleischbällchen in den Topf geben und weitere 4 Minuten köcheln lassen, bis die Pasta und die Fleischbällchen gar sind. Von der Herdplatte nehmen, die Sahne einrühren und das Lorbeerblatt entfernen. Mit Salz, Pfeffer und Muskatnuss abschmecken.

Garniert mit Petersilie, Basilikum und frisch geriebenem Parmesan servieren.

TIPP

Im Vergleich zu anderen Pastasorten gart Orzo sehr rasch. Servieren Sie die Suppe daher sofort, sonst wird sie matschig. Anstelle der frischen Kräuter kann man auch einen Klecks selbst gemachtes Pesto (siehe Seite 186), einen Löffel Aïoli (siehe Seite 174) oder Salsa verde (siehe Seite 180) nehmen.

POZOLE

PORTIONEN: 4
VORBEREITUNGSZEIT: 30 MINUTEN · ZEIT ZUM EINWEICHEN: ÜBER NACHT · GARZEIT: 4 STUNDEN
WF · GF (je nach Tostadas)

100 g **getrockneter Hominy** (oder 175 g **gekochter Hominy** aus der Dose)
25 g **getrocknete Ancho-Chilischoten**
2 mittelscharfe **getrocknete rote Chilischoten**
200 ml **kochendes Wasser**
6 **Knoblauchzehen**, zerdrückt
500 g **Schweinefleisch** mit etwas Fett, idealerweise von der Schulter, gewürfelt
1 TL **gemahlener Kreuzkümmel**
1 EL **Schweineschmalz** (oder **Pflanzenöl**)
1 **Zwiebel**, gewürfelt
1 l heiße **Hühner-** oder **Gemüsebrühe**
1 TL **getrockneter Oregano**
1 **Lorbeerblatt**
feines Salz und **frisch gemahlener schwarzer Pfeffer**

ZUM SERVIEREN:
Tostadas (siehe Seite 133)
1 Handvoll **Weißkohl**, fein geschnitten
½ **Avocado**, gewürfelt und in Limettensaft gewendet
4 **Radieschen**, in dünne Scheiben geschnitten
1 Handvoll **frische Korianderblätter**
1 Prise **Chiliflakes**
1 **Schalotte**, sehr fein gewürfelt

Pozole ist eine reichhaltige mexikanische Suppe mit dem Aroma von Mais und getrockneten Chilis. Als Hominy oder nixtamalisierte Maiskörner bezeichnet man Mais, der mit Lauge behandelt wurde, damit sich Konsistenz und Geschmack verändern, und der oft in der südlichen und nordamerikanischen Küche verwendet wird. Ancho-Chilis sind große, dunkelbraune getrocknete Chilischoten, die vor allem in der mexikanischen Küche zum Einsatz kommen. Sie bekommen sowohl diesen speziellen Mais als auch Anchos in größeren Supermärkten oder online. Johns Frau Katie, die ein Schuljahr in Mexiko verbracht hat, erinnert sich gerne daran, dass sie diese Suppe gegessen haben, ehe sie durch Mexiko-Stadt cruisten und dabei Popmusik der 80er-Jahre hörten.

Den getrockneten Hominy über Nacht in kaltem Wasser einweichen.

Sobald er bereit zum Kochen ist, in einen Topf mit gesalzenem Wasser geben und zum Kochen bringen. Ca. 1 Stunde köcheln lassen, während der Rest der Suppe zubereitet wird.

Die getrockneten Chilischoten öffnen – wenn nötig mit Handschuhen – und möglichst viel von den Zwischenhäuten und Samen entfernen. Die getrockneten Chilis mit dem kochenden Wasser bedecken und 20 Minuten einweichen lassen.

Abgießen, dabei die Flüssigkeit auffangen. Die Chilis mit 100 ml der Flüssigkeit, einer Prise Salz und 2 Knoblauchzehen im Mixer oder in der Küchenmaschine zu einer glatten Creme pürieren, wenn nötig, etwas mehr Flüssigkeit zugeben. Durch ein Sieb streichen, um mögliche Klümpchen zu entfernen. Die scharfe Chilisauce zur Seite stellen.

Das Schweinefleisch mit ½ Teelöffel Salz und reichlich frisch gemahlenem schwarzen Pfeffer würzen, dann mit Kreuzkümmel bestäuben. Gut mischen, damit jedes Stück bedeckt ist.

Das Schmalz bzw. Öl in einem großen Topf mit Deckel stark erhitzen. Sobald das Schmalz geschmolzen ist, die Zwiebeln 5 Minuten darin anbraten, bis sie weich sind und anfangen, Farbe anzunehmen. Das Schweinefleisch zugeben – wenn nötig portionsweise, damit der Topf nicht zu voll ist – und unter ständigem Rühren von allen Seiten anbräunen. Den restlichen Knoblauch zufügen und 1 Minute anbraten, dann Brühe, Oregano, Lorbeer und 3 Esslöffel Ancho-Chili-Sauce einrühren.

Den Mais abgießen und in den Topf zur Suppe geben. Zum Köcheln bringen und bei halb geschlossenem Deckel 3 Stunden garen lassen, dabei ab und zu umrühren und die Flüssigkeitsmenge kontrollieren.

Nach dieser Zeit sollte das Fleisch sehr weich sein. Mit einem Schaumlöffel aus der Suppe nehmen, über dem Topf abtropfen lassen und die Würfel auf einem Brett mithilfe von 2 Gabeln in noch kleinere Stücke zerteilen. Zurück in den Topf geben und noch etwas heißes Wasser zugießen, falls die Suppe zu dickflüssig wirkt.

Die Suppe in tiefen vorgewärmten Schüsseln servieren, garniert mit Weißkohl, Avocado, Radieschen, Koriander, Chiliflakes und Schalotten. Dazu Tostadas reichen.

TIPP

Haben Sie Geduld mit dieser Suppe – der Mais sollte sehr weich sein und das Fleisch im Mund zerfallen, das braucht seine Zeit.

TIPP
Bei LEON servieren wir die Suppe noch mit einem Klecks Pesto oben drauf.

WÜRZIGE HÜHNERFLEISCHBÄLLCHEN NACH SIZILIANISCHER ART

PORTIONEN: 4
VORBEREITUNGSZEIT: 20 MINUTEN · GARZEIT: 40 MINUTEN

3 EL **Olivenöl**
1 große **Knoblauchzehe**, zu einer Paste zerdrückt
2 Dosen **gehackte Tomaten** (à 400 g)
½ TL **Chiliflakes**, nach Belieben
250 ml heiße **Gemüsebrühe**
200 g **Macaroni** oder **Ditalini**
150 ml **kochendes Wasser**
Salz und **frisch gemahlener schwarzer Pfeffer**
frische Petersilie, fein gehackt, zum Servieren
frisch geriebener **Parmesan**, zum Servieren

FÜR DIE FLEISCHBÄLLCHEN:

1 Scheibe **altbackenes Brot**, die Rinde entfernt
4 EL **Milch**
450 g **Geflügelhack**, oder **Hühnerbrustfilet**, in der Küchenmaschine zerkleinert
½ TL **Fenchelsamen**
½ TL **Chiliflakes**
2 EL **Pinienkerne**
1 gehäufter EL **Sultaninen**, grob gehackt
abgeriebene Schale von ½ **Zitrone**
2 EL **frische Petersilie**, fein gehackt
2 EL **Kapern**, abgetropft und abgespült, grob gehackt
2 **Knoblauchzehen**, zu einer Paste zerdrückt
2 EL **Olivenöl**
1 Stich **Butter**

Wir lieben diese Hühnerfleischbällchen mit Pinienkernen, Fenchelsamen und Kapern, die in einer würzigen Tomatensuppe gegart werden. Die Suppe ist von unserer Sizilianischen-Fleischbällchen-Hot-Box inspiriert, die Johns Freund Scott Uehlien erfunden hat. Danke, Scott!

Zuerst die Suppe zubereiten. Öl, Knoblauch, Tomaten, Chiliflakes, Brühe und etwas Salz und Pfeffer in einen großen Topf mit Deckel geben. Zum Köcheln bringen, dann bei geschlossenem Deckel ca. 20–30 Minuten garen, bis die Tomaten zerfallen und breiig sind.

In der Zwischenzeit die Fleischbällchen herstellen. Das Brot in der Küchenmaschine zu Bröseln oder von Hand zu kleinen Krümeln verarbeiten. Mit der Milch vermischen.

Das Hühnerfleisch und die milchigen Brotbrösel in eine Schüssel geben und eine Prise Salz sowie eine großzügige Menge gemahlenen schwarzen Pfeffer zugeben. Fenchelsamen, Chiliflakes und Pinienkerne in einer heißen Pfanne kurz anrösten, dabei umrühren, bis alles goldbraun ist. Zusammen mit Sultaninen, Zitronenschale, Petersilie, Kapern und Knoblauch in die Schüssel geben. Mit den Händen vermischen und zu 20 Bällchen à 3 cm Durchmesser formen.

Öl und Butter in einer Pfanne erhitzen. Die Fleischbällchen darin rundherum schön braun anbraten. (Sobald eine Seite braun ist, die Bällchen auf die Seite rollen; nicht ganz wenden, da sie sonst flach werden und ihre runde Form verlieren.)

Pasta und Fleischbällchen in der Suppe kochen: Die Fleischbällchen brauchen etwa 10 Minuten, bei der Pasta variiert die Kochzeit je nach Sorte. Das kochende Wasser in den Topf geben, dann die Fleischbällchen und – entsprechend der Kochdauer – die Pasta hinzufügen.

Den Deckel schließen, jedoch alle 1 oder 2 Minuten umrühren, damit Pasta und Sauce nicht am Boden des Topfes anlegen und anbrennen.

Sobald die Pasta gar ist, den Topf von der Herdplatte nehmen. Die Suppe mit frischer Petersilie und geriebenem Parmesan servieren.

HÜHNERCREMESUPPE

PORTIONEN: 4
VORBEREITUNGSZEIT: 10 MINUTEN • GARZEIT: 1 STUNDE

1 großzügiges Stück **Butter**
4 **Hähnchenschenkel** mit Knochen, die Haut entfernt
2 **Zwiebeln**, gewürfelt
2 Stangen **Lauch**, geputzt und fein gehackt
2 EL **Mehl**
1 l heiße **Hühnerbrühe**
1 **Lorbeerblatt**
2 Zweige **frischer Thymian**
3 Stängel **frische Petersilie**
100–150 g **Sahne**
Salz und **frisch gemahlener schwarzer Pfeffer**
Knoblauchcroûtons (siehe Seite 196) oder **gebuttertes Toastbrot**, zum Servieren

Eine Suppe für verregnete ungemütliche kalte Tage – ein Garant für bessere Laune. Wir bereiten sie gerne in großen Mengen zu und frieren sie in Einzelportionen ein, damit immer etwas davon parat ist, wenn jemand krank wird oder unter dem Wetter leidet.

Die Butter in einem großen Topf mit Deckel bei mittlerer Temperatur erhitzen. Sobald diese zu schäumen beginnt, die Hähnchenschenkel dazugeben. Rundherum anbraten, dann aus dem Topf nehmen und zur Seite stellen. Im gleichen Topf die Zwiebeln und den Lauch in ca. 10 Minuten weich dünsten. Das Mehl in den Topf streuen und unter Rühren einige Minuten anschwitzen. Die heiße Brühe angießen und die Hähnchenkeulen zurück in den Topf geben. Lorbeerblatt, Thymianzweige und Petersilienstängel sowie Salz und Pfeffer hinzufügen, die Temperatur reduzieren und den Deckel auflegen.

45 Minuten köcheln, bis die Hähnchenschenkel gar und zart sind. Aus dem Topf nehmen und das Fleisch mithilfe zweier Gabeln von den Knochen entfernen. Die Knochen entsorgen und das Fleisch zurück in den Topf geben. Weitere 5 Minuten köcheln, dann den Topf von der Herdplatte nehmen. Die Kräuter herausfischen und wegwerfen. Die Sahne zugießen und die Suppe glatt pürieren.

Mit Salz und Pfeffer abschmecken.

Mit Knoblauchcroûtons oder heißem gebutterten Toast servieren.

TIPP

Fügen Sie in den letzten 5 Minuten der Kochzeit eine Handvoll gegarte, in Scheiben geschnittene Pilze hinzu. Heben Sie ein paar davon zum Garnieren auf.

KENS TONKOTSU-RAMEN

PORTIONEN: 6 • VORBEREITUNGSZEIT: 30 MINUTEN
ZEIT ZUM MARINIEREN: ÜBER NACHT • GARZEIT: 30 MINUTEN für die Suppe und 10 STUNDEN für die Brühe
MF

FÜR DIE TONKOTSU-BRÜHE:
2 **Schweinefüße**
1 kg **Knochen vom Schwein** – wir nehmen **Rückgrat** und **Schienbein**
500 g **gerollter Schweinebauch**
200 g **Schweinerückenspeck** (Lardo)
ein paar **Hühnerfüße** oder eine **Hühnerkarkasse**
2 **Zwiebeln**, geschält und geviertelt
2 **Frühlingszwiebeln**, geviertelt
4 **Knoblauchzehen**, geschält
1 Stück **frischer Ingwer** (5 cm), grob gehackt
1 Stück **Kombu** (15 cm)

2012 gründeten Rebeccas Freunde Ken Yamada und Emma Reynolds Tonkotsu, einen der ersten und inzwischen beliebtesten Ramen-Imbisse Londons. Tonkotsu-Ramen ist ein Gericht, das sich relativ einfach zusammenstellen lässt, jedoch am besten über zwei Tage zubereitet wird, da die Brühe viele Stunden köcheln muss, um den reichhaltigen kräftigen Geschmack des Schweinefleischs entfalten zu können. Lassen Sie sich davon aber nicht abschrecken, denn meist ist nicht mehr als einmal Rühren pro halbe Stunde nötig.

Diese Suppe ist das komplette Gegenteil einer klaren französischen Bouillon: Anstatt das Fett abzuschöpfen, soll es hier mit der Brühe verschmelzen, damit eine cremige weiße Konsistenz entsteht. Kombu-Algen, Dashi, Mirin und Reisweinessig erhalten Sie im Asialaden, in größeren Supermärkten oder online.

Bei Tonkotsu-Ramen ist es wichtig, dass das Fett sich mit der Suppe verbindet. Damit das geschieht, muss sie bei geschlossenem Deckel stark kochen, damit der Druck im Topf steigt.

Schweinefüße und -knochen in einen sehr großen Topf mit Deckel geben – es muss Platz für alle Zutaten sein. Kochendes Wasser zugießen, bis die Knochen einige Zentimeter bedeckt sind, und bei geschlossenem Deckel 5 Stunden sprudelnd kochen. Ab und zu den Schaum von der Oberfläche abschöpfen und den Wasserstand im Auge behalten, bei Bedarf mehr Wasser zugießen.

Den gerollten Schweinebauch und den Rückenspeck in den Topf geben. In der Zwischenzeit mit der Zubereitung der Sojabasis (Rezept auf der nächsten Seite) beginnen. Nach 3 weiteren Stunden Kochen den Schweinebauch aus dem Topf nehmen. Etwa 1 Stunde auf einer Platte ruhen lassen, dann in 1,75 Liter der Sojabasis marinieren.

Hühnerfüße oder Karkasse, Gemüse, Knoblauch und Ingwer in die Brühe geben und bei geschlossenem Deckel aufkochen lassen. Nach 2 Stunden den Topf von der Herdplatte nehmen und den Kombu zugeben.

Mindestens 1 Stunde abkühlen lassen, bis die Brühe kalt genug ist, um sie weiterzuverarbeiten. Knochen und Gemüse abseihen, die Brühe dabei auffangen und im Kühlschrank aufbewahren.

> **TIPP**
> Dieses Rezept ergibt 3 Liter Brühe. Sie können auch direkt eine größere Menge zubereiten (Sie brauchen allerdings einen riesigen Topf!), denn sie lässt sich problemlos einfrieren.

SEELENTRÖSTER

KENS TONKOTSU-RAMEN
(FORTSETZUNG)

FÜR DIE MARINIERTEN EIER:
1 **Ei** pro Person, auf Zimmertemperatur
200 ml **Sojabasis** (Rezept weiter unten)
1 TL **Dashi-Pulver**
200 ml **Wasser**

Einen Topf mit Wasser zum Kochen bringen. Ehe die Eier in den Topf kommen (pro Topf maximal 6 auf einmal), 3 Sekunden lang schütteln, damit sich das Eigelb in die Mitte verlagert. Die Eier vorsichtig in das kochende Wasser geben und genau 6 Minuten und 10 Sekunden kochen lassen.

Die Eier aus dem Topf schöpfen und in eine Schüssel mit kaltem Wasser gleiten lassen. Diese unter fließendes kaltes Wasser stellen – auf diese Weise wird der Garprozess gestoppt. Sobald die Eier abgekühlt sind, rundherum mit einem Löffel anschlagen, damit die Schale bricht. Vorsichtig unter fließendem kalten Wasser schälen. Sobald die Eier vollständig abgekühlt sind, die Sojabasis mit Dashi und Wasser mischen und als Marinade für die Eier verwenden. Die Eier über Nacht im Kühlschrank marinieren.

FÜR DIE SOJABASIS
(ERGIBT 2 LITER):
160 ml **Kochsake**
12 g **Salz**
50 g **Kristallzucker**
900 ml **dunkle Sojasauce**
3 **Knoblauchzehen**
30 g **frischer Ingwer**, im Ganzen
5 **Frühlingszwiebeln**
900 ml **Wasser**

Alle Zutaten in einem großen Topf mischen und bei niedriger bis mittlerer Temperatur erhitzen. Erwärmen, bis Salz und Zucker sich aufgelöst haben. Nicht aufkochen lassen.

Sobald die Mischung abgekühlt ist, 250 ml davon mit 250 ml Wasser verdünnen.

Sobald die Eier (siehe oben) gekocht sind, in der Mischung marinieren.

Den Rest der Sojabasis zum Marinieren des Schweinebauchs für die Tonkotsu-Brühe verwenden (siehe Seite 65).

FÜR DIE SALZBASIS
(ERGIBT 200 ML):
150 ml **Wasser**
1 Stück **Kombu** (7,5 cm)
20 g **Meersalz**
30 ml **Sake**
10 ml **Mirin**
10 ml **Reisessig**
1 TL **Sojasauce**

Alle Zutaten in einen Topf geben und bei niedriger Temperatur erwärmen, bis sich das Salz aufgelöst hat. Gelegentlich umrühren, um sicherzugehen, dass nichts anbrennt. Zur Seite stellen und abkühlen lassen.

ZUM SERVIEREN (FÜR 6 PORTIONEN):
2,1 l **Tonkotsu-Brühe** (siehe Seite 65)
500 g **gekochter marinierter Schweinebauch** (siehe Seite 65)
400 g **Bohnensprossen**
6 Portionen **Nudeln** (am besten frische Weizennudeln)
150 ml **Salzbasis** (siehe gegenüber)
200 g **Frühlingszwiebeln**, fein gehackt
6 **marinierte Eier**, halbiert (siehe gegenüber)
2 EL **weiße Sesamkörner**

Die Tonkotsu-Brühe aufkochen lassen. Den Schweinebauch in 12 Scheiben schneiden, im Ofen kurz erhitzen und dann unter dem Grill knusprig rösten.

Einen Topf Wasser zum Kochen bringen und die Bohnensprossen 20 Sekunden blanchieren, dann abgießen.

In einem anderen Topf die Nudeln zubereiten, aber schon 10 Sekunden vor Ende der Garzeit abgießen.

Zum Servieren in jeder Schüssel 25 ml der Salzbasis und 350 ml der Tonkotsu-Brühe vermischen. Jede Portion mit gekochten Nudeln, zwei Scheiben Schweinebauch, Bohnensprossen, Frühlingszwiebeln und halbierten Eiern anrichten und mit Sesamkörnern bestreuen.

Sofort drauflosschlürfen!

SELLERIE & KNUSPRIGER SALBEI

PORTIONEN: 4
VORBEREITUNGSZEIT: 10 MINUTEN · GARZEIT: 45 MINUTEN
WF · GF (ohne Croûtons) · (**V · VE** mit Gemüsebrühe)

- 2 Stich **Butter**
- 1 **Zwiebel**, gewürfelt
- 1 Stange **Lauch**, fein gewürfelt
- 200 g (ca. 2 mittelgroße) **mehligkochende Kartoffeln**, geschält und gewürfelt
- 1 **Knollensellerie**, geschält und grob gewürfelt
- 1 l heiße **Hühner-** oder **Gemüsebrühe**
- 20 g **frische Salbeiblätter**
- 1 Zweig **frischer Thymian**
- 1 EL **Olivenöl**
- **Croûtons** (siehe Seite 196), zum Servieren

Jahrelang war Remoulade das einzige, woran Rebecca denken konnte, wenn Sellerie in ihrer Gemüsekiste auftauchte – und aus einer Knolle kann man eine Menge Sellerieremoulade machen. Diese Suppe ist eine viel bessere Methode, um das knollige Gemüse in etwas köstlich Seidiges zu verwandeln.

1 Stich Butter in einem großen Topf mit Deckel bei mittlerer Temperatur erhitzen. Sobald sie zu schäumen beginnt, Zwiebeln und Lauch zugeben und ca. 8 Minuten anschwitzen. Wenn das Gemüse leicht angebräunt ist, Kartoffeln, Sellerie, Brühe, 5 Salbeiblätter und den Thymian hinzufügen. Zum Köcheln bringen und 25–35 Minuten simmern lassen, bis der Sellerie weich ist.

Die Kräuter entfernen und die Suppe glatt pürieren; eventuell portionsweise vorgehen.

Für die knusprigen Salbeiblätter das Olivenöl und die restliche Butter in einem kleinen Topf bei mittlerer Temperatur erhitzen. Die übrigen Salbeiblätter, wenn nötig, trocken tupfen, dann 10–15 Sekunden im heißen Fett frittieren, einmal wenden. Abschöpfen und auf Küchenkrepp abtropfen lassen.

Die Suppe mit den knusprigen Salbeiblättern und Croûtons garniert servieren.

SCHWARZES DAL

PORTIONEN: 4

VORBEREITUNGSZEIT: 15 MINUTEN • ZEIT ZUM EINWEICHEN: 8 STUNDEN • GARZEIT: 6 STUNDEN

(**WF** • **GF** ohne Brot) • **V**

- 200 g **getrocknete schwarze Linsen** (Urid/Urad Dal)
- 750 ml **heißes Wasser**, plus etwas mehr während des Kochens
- 3 Stich **Butter**
- 5 **Gewürznelken**
- 4 Kapseln **grüner Kardamom**
- ¼ TL **Fenchelsamen**
- ½ TL **Kreuzkümmelsamen**
- 1 TL **Garam Masala**
- ¼ TL **gemahlener Zimt**
- ¼ TL **Chilipulver**
- 1 Stück **frischer Ingwer**, gerieben
- 2 **Knoblauchzehen**, zerdrückt
- ½ **frische grüne Chilischote**, entkernt und fein gehackt
- 1 **Zwiebel**, fein gehackt
- 1 EL **Tomatenmark**
- 1 **Lorbeerblatt**
- 1 TL **brauner Zucker**
- 100 g **Kidney-Bohnen aus der Dose** (ca. ½ Dose), abgetropft und abgespült
- 4 EL **Crème double**
- **Salz** und **frisch gemahlener schwarzer Pfeffer**

ZUM SERVIEREN:
frischer Koriander
Chapati, **Naan**, **Paratha** oder **Papadam**

Dieses Gericht aus schwarzen Linsen aus dem Punjab ist herrlich reichhaltig und rauchig. Dank der langen Kochzeit werden die Linsen nämlich besonders weich und cremig. Obwohl das Dal lange köchelt, braucht es sehr wenig Aufmerksamkeit, und das Endergebnis ist wahrlich etwas Besonderes. Wir widmen es Dar Barot und Sumi Jeffrey – aus Gründen, die wir erklären können, sollten wir einander je kennenlernen.

Die Linsen 8 Stunden oder über Nacht in kaltem Wasser einweichen. Abgießen und unter frischem Wasser abspülen.

In eine feuerfeste Form mit Deckel geben und das heiße Wasser zugießen. Zum Kochen bringen und 5 Minuten garen lassen. Die Hitze reduzieren, den Schaum an der Oberfläche abschöpfen und dann bei geschlossenem Deckel kochen, bis die Linsen weich sind und beginnen aufzuplatzen. Das dauert 30–40 Minuten.

In der Zwischenzeit in einem zweiten Topf ein Stich Butter bei mittlerer Temperatur schmelzen und Gewürznelken, Kardamomkapseln, Fenchelsamen, Kreuzkümmelsamen, Garam Masala, Zimt und Chilipulver hineingeben. Einige Minuten unter Rühren anschwitzen, dann Ingwer und Knoblauch zugeben und 1–2 Minuten weiterbraten. Das zweite Stück Butter in den Topf geben, die grünen Chilis und die Zwiebeln zusammen mit einer Prise Salz und dem Tomatenmark hinzufügen und ca. 10 Minuten unter Rühren köcheln lassen, bis die Zwiebeln weich sind. Den Topf von der Herdplatte nehmen, Lorbeerblatt, Zucker und frisch gemahlenen schwarzen Pfeffer dazugeben und zur Seite stellen, bis die Linsen gar sind.

Sobald die Linsen weich sind, den Ofen auf 160 °C vorheizen. Die Kidney-Bohnen grob zerdrücken und zusammen mit den würzigen Zwiebeln zu den Linsen geben, den Deckel auflegen. Die Form in den vorgeheizten Ofen schieben und 4–5 Stunden garen, wenn möglich noch länger. Dabei etwa jede Stunde 3–4 Esslöffel Wasser zugeben und umrühren, damit das Dal nicht anlegt.

Das fertige Dal ist sehr cremig und wird umso dunkler, je länger es im Ofen bleibt. Aus dem Ofen nehmen und die Crème double, das letzte Stückchen Butter und so viel heißes Wasser unterrühren, bis das Dal die Konsistenz einer dickflüssigen Suppe aufweist. Mit Salz abschmecken. Vor dem Servieren das Lorbeerblatt und die Kardamomkapseln entfernen (wenn Sie sie finden können). Mit frischem Koriander bestreuen.

Zu indischem Fladenbrot essen – Chapati, Naan oder Paratha schmecken alle gut –, oder Papadams in die Suppe tunken.

\\\ TIPP ///

Das Raita von Seite 171 dazu servieren. Urid/Urad Dal finden Sie im Asialaden oder online – gehen Sie nur sicher, dass sie die schwarze Sorte erwischen, nicht die weiße.

MULLIGATAWNY

PORTIONEN: 4
VORBEREITUNGSZEIT: 15 MINUTEN · GARZEIT: 1 STUNDE
WF · GF (ohne Fladenbrot)

Diese Retro-Suppe geht auf die britische Kolonialherrschaft in Indien zurück, als indische Köche sie für ihre suppenverrückten Kolonialherren erfanden. Wir mögen sie mit Hühnchen, Sie können stattdessen aber auch Lamm verwenden (dann nur etwas länger garen lassen, damit es schön zart wird). Vegetarier nehmen Butternusskürbis oder Süßkartoffeln, die zusammen mit den Linsen in den Topf kommen.

1 Stich **Butter**
2 EL **Pflanzenöl**
300 g **entbeinte Hähnchenschenkel**, die Haut entfernt, in ca. 1 cm große Stücke geschnitten
1 **Zwiebel**, fein gewürfelt
1 Stange **Staudensellerie**, fein gewürfelt
1 **Karotte**, grob gehackt
1 Stück **frischer Ingwer** (2 cm), geschält und gerieben
2 **Knoblauchzehen**, zerdrückt
1 kleiner säuerlicher **grüner Apfel**, geschält, entkernt und gewürfelt
1 EL **Currypulver** (wir nehmen Madras-Curry)
1 l hochwertige heiße **Hühnerbrühe**
100 g **rote Spaltlinsen**, abgespült
3 EL **Kokosmilch** oder 1 EL **Sahne**
2 TL frisch gepresster **Zitronensaft**
¼–½ TL **Cayenne-Pfeffer**, nach Belieben (optional)
Salz und **frisch gemahlener schwarzer Pfeffer**

ZUM SERVIEREN:
Korianderblätter
Naan oder ein anderes **indisches Fladenbrot**
Naturjoghurt oder **Knoblauchjoghurt** (siehe Seite 170)

Butter und Öl in einem großen Topf mit Deckel bei mittlerer Temperatur erhitzen. Sobald die Butter zu schäumen beginnt, das Hühnchen zugeben und von allen Seiten leicht anbräunen. Eventuell portionsweise vorgehen. Aus dem Topf nehmen und zur Seite stellen, dann Zwiebeln, Sellerie und Karotten in den Topf geben und unter Rühren 10 Minuten anschwitzen, bis die Zwiebeln glasig, aber nicht braun sind.

Ingwer und Knoblauch hinzufügen und 1 Minute anbraten, Apfel, schwarzen Pfeffer und Currypulver zugeben und 1 weitere Minute unter Rühren braten. Die heiße Brühe angießen und das Hühnchen zusammen mit den Linsen zurück in den Topf geben. Aufkochen lassen, den dabei entstehenden Schaum abschöpfen. Dann die Hitze reduzieren und 30 Minuten köcheln, bis die Linsen und das Hühnchen sehr weich sind.

Den Topf von der Herdplatte nehmen und Kokosmilch oder Sahne einrühren. Die Hälfte der Suppe glatt pürieren, dann wieder zusammenmischen.

Die Suppe abschmecken und die Hälfte des Zitronensaftes zugeben. Erneut kosten und gegebenenfalls den Rest dazugeben, wenn nötig mit ein wenig Salz nachwürzen. Wenn Sie das Dal pikant mögen, geben Sie den Cayenne-Pfeffer dazu und lassen die Suppe noch ein paar Minuten köcheln.

Mit Korianderblättern bestreuen und zum Dal Fladenbrot und Joghurt reichen.

TIPP

Raita (siehe Seite 171) oder Labneh (siehe Seite 183) dazu servieren. Herzhafter wird die Suppe (und ein tolles Mittagessen), wenn Sie 4 EL ungekochten Basmatireis zur pürierten Suppe geben. So lange köcheln lassen, bis er gar ist.

SEELENTRÖSTER

TOSKANISCHE SUPPE MIT WEISSEN BOHNEN, GRÜNKOHL & WÜRSTCHEN

PORTIONEN: 4
VORBEREITUNGSZEIT: 10 MINUTEN · GARZEIT: 45 MINUTEN
(**WF · GF** ohne Brot, je nach Würstchensorte) **· MF**

- 1 EL **Pflanzenöl**
- 400 g (ca. 6) **Würstchen mit Knoblauch**, in 0,5 cm breite Scheiben geschnitten
- 1 **Zwiebel**, fein gehackt, plus 2 **Zwiebeln**, in Ringe geschnitten
- 1 **Karotte**, fein gehackt
- 1 Stange **Staudensellerie**, fein gehackt
- 1 **Knoblauchzehe**, zerdrückt
- 1 TL **Tomatenmark**
- 100 ml **Passata**
- 750 ml hochwertige heiße **Hühner-** oder **Gemüsebrühe**
- 1 **Lorbeerblatt**
- 1 Zweig **frischer Rosmarin** (3 cm)
- 2 Zweige **frischer Thymian**
- 1 Dose **Cannellini-Bohnen** (à 400 g), abgetropft und abgespült
- 100 g **Grünkohl**, die Rippen entfernt, fein geschnitten
- **Salz** und **frisch gemahlener schwarzer Pfeffer**
- **knuspriges Brot**, zum Servieren

Eine einfache Suppe, die Ihnen im tiefsten Winter das Herz erwärmt und ganz nebenbei auch ein paar dringend benötigte Nährstoffe liefert.

Das Öl in einem großen Topf mit Deckel sehr stark erhitzen. Sobald es heiß ist, die Wurststückchen zugeben. Unter Rühren rundherum schön braun anbraten, bis sie durch sind. Aus dem Topf nehmen, zur Seite stellen, die Hitze reduzieren und Zwiebeln, Karotten, Sellerie und eine Prise Salz in den Topf geben. Das Gemüse unter Rühren ca. 10 Minuten andünsten.

Knoblauch und Tomatenmark hinzufügen und 1 Minute unter Rühren anbraten. Passata und Brühe angießen, dann Lorbeer, Rosmarin und Thymian sowie reichlich frisch gemahlenen schwarzen Pfeffer dazugeben. Umrühren, zum Köcheln bringen und bei geschlossenem Deckel ca. 20 Minuten simmern lassen, bis das Gemüse weich ist.

Cannellini-Bohnen, Grünkohl und die gebratenen Wurststückchen zugeben und 3–4 Minuten kochen lassen. Die Kräuter entfernen und die Suppe mit knusprigem Brot, zum Auftunken der Brühe, servieren.

> **TIPP**
>
> Ein Klecks Gremolata (siehe Seite 179) verleiht dieser Suppe ein frisches Aroma. Für eine besonders reichhaltige Mahlzeit in den letzten 10 Minuten der Kochzeit 200 g Pasta zur Brühe geben. Vegetarier lassen die Würstchen einfach weg.

ROTE LINSEN MIT SPINAT, JOGHURT, GRANATAPFEL & KNUSPRIGEN ZWIEBELN

PORTIONEN: 4
VORBEREITUNGSZEIT: 15 MINUTEN · GARZEIT: 50 MINUTEN
WF · GF · V · Ve (ohne Joghurt)

- 1 EL **Pflanzenöl**
- 1 **Zwiebel**, fein gehackt
- 1 **Karotte**, fein gehackt
- 1 Stange **Staudensellerie**, fein gehackt
- 1 TL **Kreuzkümmelsamen**
- 1 TL **Koriandersamen**
- 1 **Knoblauchzehe**, zerdrückt
- 1,25 l hochwertige heiße **Gemüsebrühe**
- 200 g **rote Spaltlinsen**, abgespült
- 150 g **Babyspinat**, grob gehackt
- **Salz**

ZUM SERVIEREN:
- 4 EL **griechischer Joghurt**
- **knusprige Zwiebeln** (siehe Seite 193)
- 4 EL **Granatapfelkerne**

Wie kleine Juwelen schmücken die Granatapfelkerne diese von der türkischen Küche inspirierte Suppe.

Das Öl in einem großen Topf mit Deckel bei mittlerer Temperatur erhitzen. Zwiebeln, Karotten, Sellerie und eine Prise Salz hineingeben und das Gemüse unter Rühren ca. 10 Minuten andünsten.

In der Zwischenzeit die Kreuzkümmel- und Koriandersamen einige Minuten in einer heißen Pfanne rösten, bis sie zu duften beginnen, dann in einem Mörser zu Pulver zermahlen.

Sobald das Gemüse Farbe annimmt, den Knoblauch hinzufügen und 1 Minute unter Rühren anbraten, dann die gemahlenen Gewürze, die heiße Brühe und die Linsen zugeben. Rasch aufkochen lassen und 3–4 Minuten kochen, die Hitze reduzieren und eventuellen Schaum abschöpfen, der sich auf der Flüssigkeit gebildet hat. Bei geschlossenem Deckel 20–25 Minuten köcheln lassen, bis die Linsen ganz weich sind.

Die Suppe von der Herdplatte nehmen und glatt pürieren. Mit Salz und Pfeffer abschmecken. Wenn die Suppe zu dickflüssig ist, etwas heißes Wasser zugießen.

Zum Servieren die Suppe wieder in den Topf geben und den Babyspinat hinzufügen. Unterrühren und zusammenfallen lassen, dann die Suppe in 4 Schüsseln verteilen. Jeweils mit einem Löffel Joghurt, den knusprigen Zwiebeln und den Granatapfelkernen garnieren.

> **TIPP**
>
> Das Rezept lässt sich sehr leicht verändern: Tauschen Sie den Joghurt gegen Tahina mit Minze (siehe Seite 172), Harissa (siehe Seite 173), Zhoug (siehe Seite 181) oder cremigen Feta (siehe Seite 182). Anstelle der Granatapfelkerne passen auch fein geschnittene frische Chiliringe.

SEELENTRÖSTER

WINTERLICHE TOMATENSUPPE

PORTIONEN: 4
VORBEREITUNGSZEIT: 10 MINUTEN · GARZEIT: 40 MINUTEN
V (mit Gemüsebrühe) · (**WF · GF · MF · Ve** ohne die Vier-Käse-Toasties)

- 1 EL **Olivenöl**
- 2 **Zwiebeln**, fein gewürfelt
- 2 **Karotten**, fein gewürfelt
- 2 Stangen **Staudensellerie**, fein gewürfelt
- 2 **Knoblauchzehen**, zerdrückt
- 1 EL **Tomatenmark**
- 2 Dosen **gehackte Tomaten** (à 400 g)
- 1 TL **Balsamico-Essig**
- 2 gehäufte TL **brauner Zucker**
- 700 ml heiße **Hühner-** oder **Gemüsebrühe**
- **Salz** und **frisch gemahlener schwarzer Pfeffer**
- **Vier-Käse-Toasties** (siehe Seite 208), zum Servieren

Wenn Sie im Winter so richtig Lust auf Tomatensuppe bekommen, dann nehmen Sie besser Dosentomaten, da frische Tomaten zu dieser Jahreszeit nicht besonders geschmacksintensiv sind. Wir lieben diese Suppe etwas säuerlich und schwungvoll. Wenn Sie aber lieber eine Tomatencremesuppe möchten, dann fügen Sie nach dem Pürieren 2 Esslöffel Crème double hinzu.

Das Öl in einem großen Topf mit Deckel bei mittlerer Temperatur erhitzen. Zwiebeln, Karotten, Sellerie und eine großzügige Prise Salz in den Topf geben und 10 Minuten sanft anschwitzen. Knoblauch und Tomatenmark hinzufügen und unter ständigem Rühren weitere 4 Minuten anbraten. Das Gemüse sollte keine Farbe annehmen.

Die Tomaten und den Saft aus den Dosen, Essig, Zucker, etwas schwarzen Pfeffer und die heiße Brühe einrühren. Zum Köcheln bringen und bei geschlossenem Deckel 30 Minuten unter gelegentlichem Rühren simmern lassen.

Die Suppe – wenn nötig portionsweise – glatt pürieren. Mit Salz und Pfeffer abschmecken.

Mit den schicken Vier-Käse-Toasties servieren.

TOM KHA GAI

PORTIONEN: 4 als Vorspeise oder 2 als Hauptmahlzeit
VORBEREITUNGSZEIT: 10 MINUTEN · GARZEIT: 25 MINUTEN
WF · GF · MF

400 ml **Kokosmilch**
275 ml heiße **Hühnerbrühe**
350 g **entbeinte Hähnchenschenkel** ohne Haut, in 1 cm breite Streifen geschnitten
1 Stück **Galgant** (3 cm), grob gehackt
1 Stange **Zitronengras**, zurechtgeschnitten und angedrückt
4 **Kaffirlimettenblätter**, die Stiele entfernt und in Stücke gezupft
2 **scharfe rote Chilischoten**, entkernt und in feine Ringe geschnitten, nach Belieben
1 Scheibe **frischer Ingwer** (0,5 cm), geschält
½ TL **Chiliflakes**
1 Prise **feines Salz**
½ TL **brauner Zucker**
100 g **Austernpilze**, in mundgerechte Stücke gezupft
1 ½ EL **Fischsauce**, nach Belieben
Saft von ½ **Limette**, nach Belieben
Korianderblätter von 8 Zweigen, zum Servieren

Diese würzige, scharf-saure Thai-Suppe ist wie eine cremigere Version von Tom Yam (siehe Seite 22) und wird oft mit Reis serviert.

Kokosmilch und Hühnerbrühe in einen großen Topf gießen und sanft zum Köcheln bringen – das langsame Aufkochen verhindert, dass die Kokosmilch gerinnt.

Hühnchen, Galgant, Zitronengras, Kaffirlimettenblätter, Chiliringe (ein paar zum Garnieren zurückbehalten), Ingwer, Chiliflakes, Salz und Zucker hinzufügen, wieder zum Köcheln bringen und 6 Minuten simmern lassen. Die Pilze zugeben und weitere 3 Minuten garen. Sichergehen, dass das Hühnchen durch ist, dann den Topf von der Herdplatte nehmen und die Fischsauce sowie den Limettensaft einrühren. Abschmecken und nach Belieben noch mehr von beidem dazugeben.

Mit den übrigen Chilis und den Korianderblättern garniert servieren.

TIPP

Wie auch bei der Tom Yam (Yam Yam) auf Seite 22 können Sie für extra Schärfe und Farbe etwas geröstete Thai-Chilipaste Nam Prik Pao oder selbst gemachte süße Chilisauce (siehe Seite 176) zugeben. Anstelle des Hühnchens passen auch Meeresfrüchte, Fisch oder Gemüse.

PANCOTTO

PORTIONEN: 2
VORBEREITUNGSZEIT: 10 MINUTEN • GARZEIT: 25 MINUTEN
V

2 EL **Olivenöl**
½ **Zwiebel**, fein gewürfelt
1 Stange **Staudensellerie**, fein gewürfelt
1 **Karotte**, grob gehackt
2 **Knoblauchzehen**, im Ganzen
1 Prise **Chiliflakes**, nach Belieben
450 ml **heißes Wasser**
150 g leicht altbackenes, **festes knuspriges Weißbrot**, die Rinde entfernt
frisch geriebener **Pecorino**
Salz und **frisch gemahlener schwarzer Pfeffer**

ZUM SERVIEREN:
hochwertiges **natives Olivenöl extra**
reichlich frisch geriebener **Pecorino**
1 Handvoll **frische Kräuter** – jegliche Kombination aus **Oregano**, **Majoran**, **Basilikum** und **Petersilie**, fein gehackt

Es gibt Dutzende Rezepte für italienische Brotsuppe, da italienische Köche es vernünftigerweise für eine schockierende Verschwendung halten, altbackenes Brot wegzuwerfen. Die einfachsten Gerichte bestehen lediglich aus Brot, Wasser, Olivenöl, Salz, Pfeffer und Käse, vielleicht noch aus einem Ei, das gegen Ende der Kochzeit untergerührt wird. Aufwendigere Versionen enthalten Rinderbrühe, Tomaten, Pancetta, grüne Bohnen, Zucchini oder Kartoffeln. Hier ist unsere Variante der toskanischen Pancotto – eine milde, breiartige Suppe.

Das Öl in einem großen Topf mit Deckel bei mittlerer Temperatur erhitzen. Sobald es heiß ist, Zwiebeln, Sellerie, Karotten, Knoblauch und eine Prise Salz dazugeben und unter Rühren ca. 10 Minuten anschwitzen, bis die Zwiebeln glasig, aber nicht braun sind. Als Nächstes die Chiliflakes, das heiße Wasser und Brot – in kleine Stückchen gebrochen – hinzufügen. Mit reichlich schwarzem Pfeffer würzen, dann ca. 10 Minuten sanft köcheln lassen, bis das Brot ganz zerfallen ist und die Karotten weich sind. Dabei oft umrühren, um ein Anlegen zu verhindern. Etwas Pecorino drüberreiben und unterrühren. Wenn die Suppe zu dick ist, etwas mehr Wasser zugießen – sie sollte eine breiige Konsistenz aufweisen. Mit Salz und Pfeffer abschmecken, dann den Knoblauch entfernen.

Die Suppe vor dem Servieren 5 Minuten bei geschlossenem Deckel stehen lassen. Jede Portion mit einem Löffel Olivenöl, noch mehr Pecorino und schwarzem Pfeffer sowie frischen Kräutern servieren.

TIPP

Für mehr Schwung 1 EL Salsa verde (siehe Seite 180) in jede Schüssel geben.

PERLKÖNIG (DER SUPPEN)

PORTIONEN: 4
VORBEREITUNGSZEIT: 15 MINUTEN • GARZEIT: bis zu 3 STUNDEN
MF

1 EL **Speiseöl**
400 g **Filet vom Lammrücken**, oder ein anderes **Lamm-** oder **Hammelfleisch** zum Schmoren, klein gewürfelt
1 **Zwiebel**, gewürfelt
2 **Karotten**, gewürfelt
2 Stangen **Lauch**, in Ringe geschnitten
2 Stangen **Staudensellerie**, gewürfelt
1 **Steckrübe**, geschält und in 2 cm große Stücke geschnitten
1,5 l heiße **Hühner-** oder **Gemüsebrühe**
1 Zweig **frischer Rosmarin** (3 cm)
1 **Lorbeerblatt**
6 EL **ungekochte Perlgraupen**
150 g **grünes Blattgemüse** (**Wirsing**, **Spitzkohl** oder **Frühkohl** eignen sich alle gut)
Salz und **frisch gemahlener schwarzer Pfeffer**

ZUM SERVIEREN:
2 EL **frische Petersilie**, fein gehackt
knuspriges Brot

Eine wärmende Suppe, die idealerweise an einem gemütlichen Sonntagnachmittag auf dem Herd vor sich hin brodelt. Sie können dafür die Reste von Lammbraten verwenden. Geben Sie dafür das Fleisch und die Knochen zusammen mit der Brühe in den Topf und lassen Sie alles 20 Minuten lang köcheln, dann die Perlgraupen hinzufügen und die Knochen vor dem Servieren entfernen. Rindfleisch passt genauso gut.

Das Öl in einem großen Topf mit Deckel stark erhitzen. Sobald es heiß ist, das gewürfelte Lammfleisch hinzufügen. Rundherum anbräunen, dann aus dem Topf nehmen und zur Seite stellen, das Fett im Topf belassen. Zwiebeln und eine Prise Salz hineingeben und 5 Minuten anbraten, dann die Hitze reduzieren und Karotten, Lauch und Sellerie untermischen. Das Gemüse unter regelmäßigem Rühren ca. 10 Minuten anschwitzen, die Steckrüben zugeben und noch ein paar Minuten weiterköcheln.

Das Fleisch zurück in den Topf geben und die heiße Brühe angießen, Rosmarin und Lorbeerblatt hinzufügen. Zum Kochen bringen, die Temperatur reduzieren und bei geschlossenem Deckel 1 Stunde simmern lassen.

In der Zwischenzeit die Perlgraupen abspülen oder vorkochen, wenn das nötig sein sollte. Nach 1 Stunde die Perlgraupen zur Suppe geben und so lange mitkochen, bis sie weich sind – das dauert etwa 45 Minuten bis 1 ½ Stunden. Während die Graupen kochen, das Lamm probieren – es sollte so zart sein, dass es im Mund zerfällt.

Sobald alles bereit zum Servieren ist, den Kohl hinzufügen, die Temperatur erhöhen und bei geschlossenem Deckel weitere 3 Minuten kochen lassen, bis der Kohl weich ist, aber noch Biss hat. Für eine dünnere Konsistenz bei Bedarf etwas mehr Wasser hinzufügen. Mit Salz und Pfeffer abschmecken und mit der Petersilie garnieren.

In großen Schüsseln servieren, mit knusprigem Brot zum Auftunken der Flüssigkeit.

KICHERERBSEN, SÜSSKARTOFFELN & CHORIZO

PORTIONEN: 4
VORBEREITUNGSZEIT: 10 MINUTEN · GARZEIT: 50 MINUTEN
WF · GF (je nach Chorizosorte) **· MF**

Die Süßkartoffeln sind in dieser spanisch-inspirierten Suppe die perfekte Begleitung für die rauchige Chorizo.

- 1 EL **Olivenöl**
- 200 g **Chorizo**, gewürfelt
- 1 **Zwiebel**, fein gehackt
- 1 **Karotte**, fein gehackt
- 1 Stange **Staudensellerie**, fein gehackt
- 1 **Knoblauchzehe**, zerdrückt
- 1 TL **Tomatenmark**
- 400 g (ca. 3 mittelgroße) **Süßkartoffeln**, geschält und in 1 cm große Würfel geschnitten
- 1 l hochwertige heiße **Hühner-** oder **Gemüsebrühe**
- 1 Dose **Kichererbsen** (à 400 g), abgetropft und abgespült (oder 230 g gekochte Kichererbsen)
- 1 TL **edelsüßes** oder **scharfes geräuchertes Paprikapulver**
- **Salz** und **frisch gemahlener schwarzer Pfeffer**
- frische **Korianderblätter**, zum Servieren

Das Öl in einem großen Topf bei mittlerer Temperatur erhitzen. Die gewürfelte Chorizo darin anbraten, bis die Wurststückchen schön braun sind. Aus dem Topf nehmen und zur Seite stellen, das rot gefärbte Öl im Topf lassen.

Zwiebeln, Karotten und Sellerie zusammen mit einer Prise Salz in den Topf geben, dann die Hitze stark reduzieren und das Gemüse unter Rühren ca. 10 Minuten sanft anschwitzen. Sobald es anfängt, braun zu werden, Knoblauch und Tomatenmark hinzufügen und 1 Minute unter Rühren anbraten, dann die gewürfelten Süßkartoffeln untermischen. Die heiße Brühe angießen, mit reichlich schwarzem Pfeffer würzen und zum Kochen bringen. Die Hitze reduzieren und bei geschlossenem Deckel 20–30 Minuten simmern, bis die Süßkartoffeln weich, aber nicht matschig sind.

Die Kichererbsen zusammen mit dem geräucherten Paprikapulver in den Topf geben, umrühren und ein paar Minuten köcheln lassen, um alles zu erwärmen. Die Hälfte der Suppe mit einem Schöpflöffel aus dem Topf nehmen und glatt pürieren, dann zurück in den Topf geben. Mit Salz, Pfeffer und Paprikapulver abschmecken.

Die Chorizo erhitzen und in die Schüsseln verteilen. Die Suppe mit Korianderblättern bestreut servieren.

> **TIPP**
>
> Für zusätzliche Schärfe mit frischen Chiliringen bestreuen. Herzhafter wird die Suppe mit einem pochierten Ei oder etwas Aïoli (siehe Seite 174).

OFENKÜRBISSUPPE

PORTIONEN: 4 als Vorspeise oder 2 als herzhaftes Mittagessen
VORBEREITUNGSZEIT: 10 MINUTEN · GARZEIT: 50 MINUTEN
WF · GF · MF · V · Ve

- 1 großer **Butternusskürbis** oder ein anderer **mittelgroßer Kürbis**, geschält, entkernt und in große Stücke geschnitten
- 1 **Zwiebel**, in 6 Spalten geschnitten
- 3 **Knoblauchzehen**, im Ganzen mit Schale
- **geschmacksneutrales Öl**
- 1 Stück **frischer Ingwer** (2 cm), gerieben
- 600 ml heiße **Gemüsebrühe**
- 1 großzügige Prise **frisch geriebene Muskatnuss**
- ½ TL **edelsüßes geräuchertes Paprikapulver**
- 1 Prise **Chiliflakes**
- frisch ausgepresster **Limettensaft**
- **Salz** und **frisch gemahlener schwarzer Pfeffer**
- **gepuffte Samen** (siehe Seite 191), zum Servieren

Durch das Backen des Kürbisses kommt seine natürlich-cremige Süße in dieser sehr rasch und einfach zuzubereitenden veganen Suppe besonders gut zur Geltung. Für eine würzigere Note eignen sich ein paar knusprige Salbeiblätter (siehe die Selleriesuppe mit knusprigem Salbei auf Seite 69) oder eine Handvoll nussig-würziges Dukkah (siehe Seite 190) als Topping.

Kürbisstücke, Zwiebelspalten und Knoblauchzehen in eine große Backform legen, mit etwas Öl beträufeln und mit Salz und Pfeffer würzen. Alles gut vermischen und für 45 Minuten im Ofen backen.

Aus dem Ofen nehmen und zur Seite stellen. Sobald alles abgekühlt ist, den gerösteten Knoblauch aus der Schale drücken und diese wegwerfen. Zwiebelstückchen, die sehr lederartig erscheinen, ebenfalls aussortieren.

In der Zwischenzeit den Ingwer in einem großen Topf mit Deckel in ein wenig Öl anschwitzen, dann Brühe, Muskatnuss, Paprikapulver, Chiliflakes und Ofengemüse hinzufügen – dabei das Öl in der Backform belassen. Zum Köcheln bringen und nach ca. 1 Minute von der Herdplatte nehmen und glatt pürieren (ein Standmixer eignet sich am besten für diese Suppe, dabei portionsweise vorgehen).

Die Suppe mit Limettensaft abschmecken, am besten teelöffelweise und nicht zu viel auf einmal dazugeben. Eventuell sind auch noch etwas Salz, Pfeffer oder Gewürze nötig. Wenn die Suppe sehr dickflüssig ist, mit etwas heißem Wasser oder Brühe verdünnen.

Mit den gepufften Samen bestreut servieren.

TIPP

Kürbis verträgt sich gut mit Kreuzkümmel und Koriander – siehe die Karottensuppe auf Seite 12, bei der Sie sich die Gewürzmengen abschauen können. Ersetzen Sie damit die Muskatnuss und das Paprikapulver und servieren die Suppe mit frischen Korianderblättern. Auch eine Handvoll frisch zubereitete Gremolata (siehe Seite 179) passt prima.

SPALTERBSENSUPPE

PORTIONEN: 4
VORBEREITUNGSZEIT: 10 MINUTEN · ZEIT ZUM EINWEICHEN: ÜBER NACHT · GARZEIT: bis zu 2 STUNDEN
WF · GF · V · (**MF · Ve** ohne Butter)

200 g **gelbe Spalterbsen**
1 EL **Olivenöl**
1 **Zwiebel**, gewürfelt
1 **Karotte**, gewürfelt
1 Stange **Lauch**,
    in feine Ringe geschnitten
1 Stange **Staudensellerie**,
    fein gewürfelt
2 **Knoblauchzehen**, zerdrückt
1,25 l heiße **Gemüsebrühe**
1 TL **edelsüßes geräuchertes**
    Paprikapulver
1 TL **Zitronensaft**
Salz und **frisch gemahlener**
    schwarzer Pfeffer
1 Stich **Butter** (optional)

Traditionell wird Spalterbsensuppe mit Speck oder Schweinshaxe zubereitet (wie die Suppe mit Puy-Linsen, Speck und Senfsahne von Seite 41), aber diese Variante kommt ganz ohne Fleisch aus. Das geräucherte Paprikapulver verleiht ihr dennoch das Raucharoma, das normalerweise vom geräucherten Schweinefleisch ausgeht. Wir empfehlen gelbe Spalterbsen, weil sie eine appetitlicher ausschauende Suppe und keine grün-graue Pampe ergeben. Mit einem Schnellkochtopf können Sie den Garprozess beschleunigen.

Die Spalterbsen 8 Stunden oder noch besser über Nacht in kaltem Wasser einweichen. Abtropfen lassen, mit frischem Wasser abspülen und erneut abtropfen lassen.

Das Öl in einem großen Topf mit Deckel bei mittlerer Temperatur erhitzen. Zwiebeln, Karotten, Lauch und Sellerie ca. 10 Minuten darin anschwitzen, bis die Zwiebeln anfangen, glasig zu werden. Den Knoblauch hinzufügen und 1 Minute anbraten, dann die eingeweichten Spalterbsen und die heiße Brühe zugeben.

Die Temperatur erhöhen und die Suppe zum Kochen bringen. 10 Minuten sprudelnd kochen lassen, dabei auf der Oberfläche entstehenden Schaum abschöpfen.

Nach 10 Minuten die Hitze reduzieren und den Deckel auflegen. 1–1 ½ Stunden sanft köcheln, bis die Spalterbsen weich sind. Bei Bedarf ab und zu etwas heißes Wasser zugießen, falls die Suppe zu dickflüssig werden wollte. Den Topf von der Herdplatte nehmen und die Suppe glatt pürieren.

Die Suppe zurück in den Topf geben und bei mittlerer Hitze das geräucherte Paprikapulver und den Zitronensaft mit so viel heißem Wasser zugeben, dass die Suppe die gewünschte Konsistenz erhält. Mit Salz und Pfeffer abschmecken.

Zum Schluss, sofern gewünscht, das Stück Butter einrühren.

\\\\ TIPP ////

Diese erdige Suppe ist toll mit salzigen, knusprigen Maischips, die darüber zerbröselt werden. Auch ein Klecks Labneh (siehe Seite 183) oder Aïoli (siehe Seite 174), ein Spritzer Zitrone und etwas Chiliöl (siehe Seite 177) passen hervorragend dazu.

RIBOLLITA

PORTIONEN: 2
VORBEREITUNGSZEIT: 10 MINUTEN · GARZEIT: 35 MINUTEN
MF · V · Ve (ohne Käse)

- 1 EL **Olivenöl**
- ½ **Zwiebel**, gewürfelt
- 1 Stange **Staudensellerie**, gewürfelt
- 1 **Karotte**, gewürfelt
- 2 **Knoblauchzehen**, zerdrückt
- 2 Zweige **frischer Thymian**
- 1 TL **Tomatenmark**
- 1 **mittelgroße Tomate**, entkernt und gehackt
- 500 ml heiße leichte **Gemüsebrühe**
- 1 Dose **Cannellini-Bohnen** (ca. 230 g Abtropfgewicht), abgetropft und abgespült
- 100 g **Grünkohl**, **Mangold** oder **Wirsing** (oder eine Mischung), Rippen und Stiele entfernt, klein geschnitten
- 1 große oder 2 mittelgroße Scheiben festes, leicht altbackenes **Vollkornbrot** oder **Weißbrot von guter Qualität**
- frisch gemahlener schwarzer **Pfeffer**

ZUM SERVIEREN:
natives **Olivenöl** extra
reichlich frisch geriebener **Parmesan** oder **Pecorino**

Diese herzhafte Suppe aus Brot, Bohnen und Grünkohl, die vor gesunden Inhaltsstoffen nur so strotzt, ist am nächsten Tag sogar noch besser. Für eine authentische toskanische Ribollita sollten Sie 100 g getrocknete Bohnen über Nacht einweichen und dann einige Stunden köcheln lassen, ehe Sie sie weiterverarbeiten (wir finden jedoch, dass Bohnen aus der Dose die wesentlich einfachere Lösung sind).

Das Öl in einem großen Topf mit Deckel bei mittlerer Temperatur erhitzen. Sobald es heiß ist, Zwiebeln, Sellerie und Karotten dazugeben und unter Rühren ca. 10 Minuten sanft anschwitzen, bis die Zwiebeln glasig sind. Das Gemüse sollte nicht braun werden. Knoblauch, Thymian, Tomatenmark und gehackte Tomate hinzufügen, umrühren und 1 Minute anbraten, dann die heiße Brühe angießen.

Ein Viertel der abgetropften Bohnen mit ein wenig Wasser glatt pürieren. Sobald die Suppe köchelt, die ganzen und die pürierten Bohnen, das grüne Gemüse und den frisch gemahlenen schwarzen Pfeffer zugeben und erneut umrühren. Wir mögen es, wenn unser Gemüse noch etwas Biss hat, traditionell wird die Suppe jedoch richtig lange gekocht – bis zu 1 Stunde. Uns reichen maximal 15 Minuten.

Das Brot in Stücke brechen und in den Topf geben. Einige Minuten mitkochen, bis es weich ist.

In großen Suppenschüsseln mit darüber geträufeltem Olivenöl und viel frisch geriebenem Pecorino bestreut servieren.

\\\\ **TIPP** ////

Das mitgekochte Brot verleiht der Ribollita eine recht cremige Konsistenz. Wenn Sie das nicht mögen, servieren Sie das Brot einfach getoastet zur Suppe; oder Sie reichen die Vier-Käse-Toasties von Seite 208 dazu. Ein Klecks Aïoli (siehe Seite 174) oder Salsa verde (siehe Seite 180) gibt dieser bäuerlichen Suppe einen noblen Anstrich.

SEELENTRÖSTER

BLUMENKOHL & KICHERERBSEN

PORTIONEN: 4
VORBEREITUNGSZEIT: 10 MINUTEN • GARZEIT: 40 MINUTEN
WF · GF · V · (MF · Ve ohne Sahne, Joghurt und Crème fraîche)

1 Kopf **Blumenkohl**, in Röschen geteilt
1 **Zwiebel**, in Halbringe geschnitten
1 TL **gemahlener Kreuzkümmel**
1 TL **Paprikapulver**
3 EL **Olivenöl**
150 g (1–2) **mehligkochende Kartoffeln**, geschält und in mittelgroße Stücke geschnitten
1 l heiße **Gemüsebrühe**
2 **Knoblauchzehen**, in Scheibchen geschnitten
1 Dose **Kichererbsen** (à 400 g), abgetropft und abgespült
abgeriebene Schale von ½ **Zitrone**, plus 1 EL **Zitronensaft**
Salz und **frisch gemahlener schwarzer Pfeffer**

ZUM SERVIEREN:
Sahne, **griechischer Joghurt** oder **Crème fraîche** (optional)
1 EL **Kreuzkümmelsamen**, leicht geröstet

Auf den ersten Blick klingt Blumenkohlsuppe vielleicht nicht rasend interessant, aber diese ist einfach unglaublich gut und Blumenkohl zudem eine der seltenen Vitamin-K-Quellen — ein Extrabonus also. Für eine vegane, indisch inspirierte Suppe ersetzen Sie das Paprikapulver durch einen Teelöffel Garam Masala, ein Stückchen fein geriebenen Ingwer und eine Prise Chilipulver. Abschließend mit einem Schuss ungesüßter Kokosmilch abschmecken.

Den Ofen auf 220 °C vorheizen.

Den Blumenkohl zusammen mit den Zwiebeln in einer Lage auf einem Backblech verteilen. Mit Salz und Pfeffer, Kreuzkümmel und Paprikapulver würzen, das Öl darüber verteilen und alles durchmischen. Im vorgeheizten Ofen 25–30 Minuten backen, bis der Blumenkohl weich ist und nur die Ränder leicht angekohlt sind. Nach der Hälfte der Garzeit einmal wenden.

In der Zwischenzeit die Kartoffeln in der Brühe weich kochen. Knoblauch, Kichererbsen und Zitronenschale hinzufügen, einige Minuten köcheln lassen, dann beiseitestellen, bis der Blumenkohl fertig ist.

Sobald der Blumenkohl gar ist und die Zwiebeln goldbraun sind, aus dem Ofen nehmen. Ein paar Blumenkohlröschen und einige der knusprigsten Zwiebeln zum Garnieren aufbewahren und warm stellen. Zitronensaft und restlichen Blumenkohl in die Brühe geben, zum Köcheln bringen und dann glatt pürieren.

Mit Salz und Pfeffer abschmecken.

Etwas Sahne, griechischen Joghurt oder Crème fraîche in die Suppe einrühren und mit den gerösteten Zwiebeln, dem Blumenkohl sowie gerösteten Kreuzkümmelsamen garniert servieren.

CURRY-PASTINAKEN

PORTIONEN: 2
VORBEREITUNGSZEIT: 10 MINUTEN · GARZEIT: 35 MINUTEN
WF · GF · MF · V · Ve

- 2 EL **Olivenöl**
- 1 **Zwiebel**, gewürfelt
- 1 **Knoblauchzehe**, zerdrückt
- 500 g (ca. 4 mittelgroße) **Pastinaken**, geschält und in Stücke geschnitten
- 1 kleiner **Apfel**, geschält, entkernt und gewürfelt
- ½ TL **gemahlene Kurkuma**
- ½ TL **gemahlener Koriander**
- 1 TL **gemahlener Kreuzkümmel**
- ¼ TL **gemahlener Ingwer**
- ¼ TL **Fenchelsamen**, im Mörser zerstoßen
- 4 **Kardamomkapseln**
- 1 **Lorbeerblatt**
- 750 ml heiße **Gemüsebrühe**
- 1 EL **Zitronensaft**
- **Salz** und **frisch gemahlener schwarzer Pfeffer**
- **Chiliöl** (siehe Seite 177), zum Servieren

Da Pastinaken schon von Natur aus viel Zucker enthalten, braucht diese Suppe als kleines Gegengewicht zur Süße unbedingt die Schärfe von Chilis. Wenn Sie kein Chiliöl im Haus haben, dann funktioniert auch eine ordentliche Prise Chiliflakes oder -pulver in der Brühe, oder Sie geben zu den Pastinaken eine gehackte frische rote Chilischote.

Das Öl in einem großen Topf mit Deckel bei mittlerer Temperatur erhitzen. Sobald es heiß ist, die Zwiebeln unter Rühren ca. 10 Minuten darin anschwitzen, bis sie glasig sind. Knoblauch, Pastinaken, Apfelstückchen, Gewürze und Lorbeer hinzufügen und unter Rühren 4 Minuten anbraten. Die Brühe angießen, zum Köcheln bringen und bei geschlossenem Deckel 20 Minuten simmern lassen, bis alles weich ist.

Den Topf von der Herdplatte nehmen, Lorbeerblatt und Kardamomkapseln herausfischen, den Zitronensaft dazugeben und die Suppe glatt pürieren. Mit Salz und Pfeffer abschmecken (wenn Sie kein Chiliöl verwenden, nun die Chilis hinzufügen). Mit einem Spritzer Chiliöl in jeder Schüssel anrichten.

MEERAS DAL FÜR JEDEN TAG

PORTIONEN: 4
VORBEREITUNGSZEIT: 10 MINUTEN • GARZEIT: 50 MINUTEN
(**WF** · **GF** ohne Chapatis) · **V** · (**MF** · **Ve** ohne Joghurt)

225 g **rote Linsen**
2 EL **Rapsöl**
12 **Pfefferkörner** (optional)
4 **Gewürznelken** (optional)
1 **Zwiebel**, in dünne Ringe geschnitten
4 **Knoblauchzehen**, zerdrückt
1 Stück **frischer Ingwer** (6 cm), geschält und fein gerieben
½ TL **Chilipulver**
½ TL **gemahlener Koriander**
½ TL **gemahlene Kurkuma**
1 TL **Salz**
300 g **Tomaten aus der Dose**

ZUM SERVIEREN:
Chapatis
Joghurt
indische Pickles

Unsere Freundin, die auf kulinarische Themen spezialisierte Autorin Meera Sodha, macht das beste Dal, das wir kennen. „Meine Mum und mein Dad haben 1975 geheiratet. Bei der Hochzeit trug Dad Schlaghosen, Plateauschuhe und Koteletten, und Mum einen roten Sari. Sie zogen in ein möbliertes Zimmer in West-London mit einer Gemeinschaftsküche und einem einzigen Schrank. Damals kochte meine Mutter dieses Masur-Dal und auch heute noch bereitet sie es regelmäßig zu. Es ist eines meiner liebsten Gerichte: Ich könnte es immer essen. Es ist außerdem ein idiotensicheres Rezept: kräftig und beliebig anpassbar, und das Ergebnis ist viel großartiger als der Aufwand, es zu kochen."

Die Linsen in einem Sieb abspülen, bis das Wasser klar ist, dann abtropfen lassen und in einen tiefen Topf mit Deckel geben. 600 ml kaltes Wasser zugeben und bei mittlerer bis hoher Temperatur zum Kochen bringen. Bei geschlossenem Deckel 10–15 Minuten sanft köcheln lassen, ohne umzurühren, bis die Linsen gar sind.

In der Zwischenzeit das Öl in einem zweiten tiefen Topf mit Deckel erhitzen. Sobald es heiß ist, Pfefferkörner und Gewürznelken (optional) hineingeben. Unter Rühren 1 Minute anbraten, bis die Gewürze zu duften beginnen, dann die Zwiebeln hinzufügen. 8–10 Minuten anschwitzen, bis sie eine goldene Farbe aufweisen.

Knoblauch und Ingwer dazugeben und unter ständigem Rühren weitere 4 Minuten anbraten, dann Chilipulver, Koriander, Kurkuma und Salz hinzufügen. Gut rühren, dann die Dosentomaten zugeben. Wenn Sie das Dal nicht mit Tomatenstücken, sondern ganzen Tomaten zubereiten, zerdrücken Sie diese, ehe Sie sie in den Topf geben.

Den Deckel auflegen, die Hitze reduzieren und ca. 8 Minuten köcheln lassen. Die Tomaten sollten nun dunkler und klebriger aussehen, mit nur wenig austretendem Tomatensaft. Mithilfe eines Schaumlöffels die Linsen zu den Tomaten geben und nach und nach ein wenig von der Kochflüssigkeit angießen, bis die Konsistenz zufriedenstellend ist.

Zum Schluss bei geschlossenem Deckel weitere 10 Minuten bei niedriger Temperatur köcheln lassen. Mit Salz und Chilipulver abschmecken und eventuell noch etwas mehr Wasser zugießen. Mit Chapatis, Joghurt und Pickles servieren.

> **TIPP**
> Servieren Sie das Dal auch mal zu selbst gemachtem Fladenbrot (siehe Seite 210) oder mit einem Klecks Raita (siehe Seite 171).

MANDYS LAKSA

PORTIONEN: 4
VORBEREITUNGSZEIT: 15 MINUTEN • GARZEIT: 30 MINUTEN
MF

200 g **Bohnensprossen**
200 g **grüne Bohnen**, geputzt und in 3 cm lange Stücke geschnitten
200 ml **Kokosmilch**
1 l heiße **Hühnerbrühe**
2 EL **brauner Zucker**
2 EL **Tamarindenpaste**
400 g **rohe Riesengarnelen**
400 g **gekochte Eiernudeln**
frische **Minze**, frischer **Koriander** oder idealerweise frischer **Vietnamesischer Koriander**, zum Servieren

FÜR DIE LAKSA-GEWÜRZPASTE:
1 Stange **Zitronengras**
65 ml **Pflanzenöl**
½ **Zwiebel**, geschält und grob gehackt
1 Stück **frischer Ingwer** (8 cm), geschält und grob gehackt
4 **Knoblauchzehen**, geschält
6 **frische rote Chilischoten**, entkernt und grob gehackt
2 TL **Salz**
2 TL **gemahlener Kreuzkümmel**
1 EL **gemahlene Kurkuma**
2 EL **gemahlener Koriander**
1 EL **Chilipulver**
25 g **Thai-Garnelenpaste**

Mandy Yin leitet Sambal Shiok, ein brillantes malaysisches Pop-up-Restaurant in London. „Unsere berühmte Laksa im Pop-up zuzubereiten, ist ein langwieriger, arbeitsintensiver Prozess. Dieses Rezept ist eine vereinfachte Version, mit einer angenehmen Schärfe dank Chilis und Garnelenpaste (erhältlich im Asialaden). Es ist der perfekte Einheizer für den Winter, wann immer Sie einen kleinen Kick brauchen."

Das Zitronengras vorbereiten, dafür die grüne Spitze und die härteren äußeren Blätter entfernen und nur die weiße untere Hälfte übrig lassen. Grob hacken und mit all den anderen Zutaten für die Gewürzpaste in der Küchenmaschine zu einer feinen glatten Paste pürieren.

Die Paste in einem mittelgroßen Topf bei niedriger Hitze unter ständigem Rühren ca. 10–15 Minuten anrösten, bis das Öl sich absetzt.

In der Zwischenzeit die Bohnensprossen 30 Sekunden in einem Topf mit kochendem Wasser blanchieren. Mit einem Schaumlöffel herausheben und unter kaltem Wasser abschrecken. Das Wasser im Topf wieder aufkochen lassen und die grünen Bohnen 3 Minuten blanchieren. Ebenfalls mit einem Schaumlöffel herausheben und unter kaltem Wasser abschrecken.

Kokosmilch, Hühnerbrühe, braunen Zucker und Tamarindenpaste zu der Gewürzpaste in den Topf geben. Aufkochen lassen, umrühren und einige Minuten köcheln.

Die Temperatur kräftig erhöhen und die Riesengarnelen zugeben. 2 Minuten in der Brühe garen. Mit einem Schaumlöffel entnehmen und beiseitestellen. Den Herd ausschalten.

Die gekochten Eiernudeln, die Bohnensprossen, grünen Bohnen und Garnelen in 4 Schüsseln verteilen. Die Laksa-Brühe darübergießen und mit den frischen Kräutern garnieren. Sofort servieren.

CONGEE MIT KARAMELLISIERTEN SCHALOTTEN, ERDNÜSSEN & EIERN

PORTIONEN: 4
VORBEREITUNGSZEIT: 15 MINUTEN · GARZEIT: 1 ½ STUNDEN
WF · GF · MF

- 1 l **heißes Wasser** oder heiße **Hühner-** oder **Gemüsebrühe**
- 100 g **Reis** (jede Art von **Langkornreis**)
- 1 Stück **frischer Ingwer** (2 cm), geschält und in feine Scheiben geschnitten
- 1 **Knoblauchzehe**, geschält und in feine Scheiben geschnitten
- 100–200 g **gekochtes Hühnerfleisch** und **Knochen** (optional)
- 2 TL **Pflanzenöl**
- 3 **Schalotten**, in dünne Ringe geschnitten
- 4 **Eier**, auf Zimmertemperatur

ZUM SERVIEREN:
- 2 **Frühlingszwiebeln**, in feine Scheiben geschnitten
- 2 EL **ungesalzene Erdnüsse**, leicht geröstet, dann grob zerstoßen
- **Sojasauce**
- **süße Chilisauce** (siehe Seite 176)

> **TIPP**
> Dazu passt auch gekochter Schweinebauch, fermentierte Garnelenpaste, sautierte asiatische Pilze, gegrillter Fisch oder gekochte Süßkartoffelstückchen.

Congee ist ein suppenartiger Reisbrei, der in Asien serviert wird. Congee ist der chinesische Name, in Korea, Thailand, Indien und anderswo gibt es jedoch ganz ähnliche Gerichte. Im Gegensatz zu Reis als Beilage wird der Reis für Congee sehr langsam gekocht, bis er auseinanderfällt. Wir mögen ihn mit Brühe, Knoblauch und Ingwer, bestreut mit knusprig gebratenen Schalotten, knackigen Erdnüssen und Eiern. Auch ein wenig süße Chilisauce (siehe Seite 176) sollte nicht fehlen.

Das heiße Wasser oder die Brühe in einem großen Topf mit Deckel zum Kochen bringen. Reis, Ingwer und Knoblauch sowie Hühnerfleisch und Knochen zugeben. Bei geschlossenem Deckel 1–1 ½ Stunden unter gelegentlichem Rühren simmern lassen. Nach dieser Zeit ist der Reis zerfallen und zu einem suppigen Brei eingekocht. Ist er zu dick, etwas Wasser angießen.

In der Zwischenzeit für die karamellisierten Schalotten einen Topf bei niedriger Hitze aufsetzen und das Pflanzenöl sowie die in Ringe geschnittenen Schalotten hineingeben. Ca. 15 Minuten unter Rühren sanft anschwitzen, bis sie schön braun sind.

Die Knochen aus dem Congee entfernen und entsorgen, große Stücke Hühnerfleisch klein schneiden, dann zurück in den Topf geben. Das Congee soll heiß bleiben.

Kurz vor dem Servieren die Eier kochen. Dazu einen großen Topf mit gesalzenem Wasser zum Kochen bringen. Die Eier ins Wasser legen (zu kalte Eier springen möglicherweise) und genau 6 Minuten kochen. Aus dem Topf nehmen und in kaltes Wasser legen, um den Garprozess zu stoppen. Sobald sie ausreichend abgekühlt sind, die Eier schälen und halbieren, dabei darauf achtgeben, dass das flüssige Eigelb nicht austritt.

Zum Servieren das heiße Congee in 4 Schüsseln verteilen. Jede Portion mit 2 halben Eiern, Frühlingszwiebeln, karamellisierten Schalotten, zerstoßenen Erdnüssen und einem Spritzer Sojasauce anrichten und mit süßer Chilisauce servieren.

TIPP

Anstelle des Lamms können Sie auch Hühnchen oder Rindfleisch verwenden oder das Fleisch einfach weglassen.

MAROKKANISCHES LAMM & LINSEN-HARIRA

PORTIONEN: 4
VORBEREITUNGSZEIT: 15 MINUTEN · GARZEIT: 3 STUNDEN 20 MINUTEN
MF

- 1 EL **Olivenöl** oder ein anderes **Pflanzenöl**
- 2 **Zwiebeln**, fein gewürfelt
- 1 Stange **Staudensellerie**, gewürfelt
- 1 **Karotte**, gewürfelt
- 500 g **Lammfleisch** (wir nehmen Lammrücken), in Stücke geschnitten, idealerweise mit einigen Knochen dran
- 3 **Knoblauchzehen**, zerdrückt
- 1 ½ TL **gemahlener Zimt**
- 1 ½ TL **gemahlener Ingwer**
- 1 TL **gemahlene Kurkuma**
- 1 Prise **Safranfäden**
- 1 Dose **gehackte Tomaten** (à 400 g)
- 1,5 l **heißes Wasser** (oder **Hühnerbrühe**, wenn Sie keine Knochen verwenden)
- 150 g **grüne Linsen**, abgespült
- 75 g **ungekochter Langkornreis**
- 1 Dose **Kichererbsen** (à 400 g), abgetropft (ca. 230 g Abtropfgewicht)
- 2 EL **Mehl**
- 2 EL **Zitronensaft**
- **Salz** und **frisch gemahlener schwarzer Pfeffer**

ZUM SERVIEREN:
- **frische Korianderblätter**, grob gehackt
- **frische Petersilie**, grob gehackt
- **Zitronenhälften**

Diese mild-würzige nordafrikanische Suppe wird traditionell zum Fastenbrechen im Ramadan serviert. Sie ist besonders reichhaltig, da sie nicht nur Fleisch und Reis, sondern auch zwei Sorten Hülsenfrüchte enthält.

Das Öl in einem sehr großen Topf mit Deckel bei mittlerer Temperatur erhitzen. Zwiebeln, Sellerie und Karotten zufügen und ca. 10 Minuten sanft anschwitzen. Dann die Temperatur erhöhen und das Lamm dazugeben. Während das Fleisch anbräunt, soll auch das Gemüse Farbe annehmen. Oft umrühren, damit nichts anbrennt.

Als Nächstes Knoblauch, Gewürze und Safran einrühren, dann Tomaten, heißes Wasser oder die Brühe und reichlich Salz und Pfeffer zugeben. Den Deckel auflegen und die Suppe zum Kochen bringen. Gelegentlich den Schaum an der Oberfläche abschöpfen und den Deckel wieder schließen. Sehr sanft ca. 2 Stunden köcheln lassen, bis das Fleisch weich ist, dann die Linsen untermischen. Rasch aufkochen lassen, den Schaum abschöpfen, die Hitze reduzieren und weitere 45 Minuten simmern lassen, bis die Linsen gerade durch sind.

Das Lamm sollte sich nun allmählich vom Knochen lösen (sofern Sie Lammfleisch am Knochen verwenden). Das Fleisch aus der Brühe fischen, die Knochen entfernen und zurück in den Topf geben; die Knochen entsorgen. Reis und Kichererbsen hinzufügen und weitere 15 Minuten kochen lassen.

Mehl mit Zitronensaft und 4 Esslöffel Brühe glatt verquirlen, dann die Mischung unter Rühren zurück in den Topf gießen. 5 Minuten köcheln lassen.

Mit Salz und Pfeffer abschmecken. Jede Portion mit einer Handvoll frischen Kräutern garnieren und mit den Zitronenhälften zum Darüberauspressen servieren.

FRISCH & FRÖHLICH

GAZPACHO

PORTIONEN: 4
VORBEREITUNGSZEIT: 10 MINUTEN • ZEIT ZUM KÜHLEN: 30 MINUTEN
WF · GF · MF · V · Ve (ohne knusprige Parmesan-Toasts)

- 12 reife **Eiertomaten**, enthäutet und entkernt
- 2 **Knoblauchzehen**, zu einer Paste zerdrückt
- 4 EL **hochwertiges natives Olivenöl extra**
- 1 ½ EL **Rotweinessig**
- 1 **Gurke** (ca. 300 g), entkernt
- 2 **rote Paprikaschoten**, entkernt
- 2 TL frisch gepresster **Zitronensaft**
- 1 **Frühlingszwiebel**, fein gehackt
- 3–4 **Eiswürfel**
- **Salz** und **frisch gemahlener schwarzer Pfeffer**

ZUM SERVIEREN:
- **hochwertiges natives Olivenöl extra**
- 1 **Frühlingszwiebel**, sehr fein gehackt
- 2 EL **Gurken**, fein gehackt
- 1 reife **Eiertomate**, enthäutet, entkernt und gehackt
- **knusprige Parmesan-Toasts** (optional, siehe Seite 197)

Diese eisgekühlte Suppe gilt gemeinhin als andalusische Erfindung. Varianten davon findet man jedoch auch in Portugal. Wahrscheinlich geht die Legende ihrer Herkunft schon auf die Römer zurück.
Wenn Ihnen der rohe Knoblauch zu aufdringlich ist, dann blanchieren Sie ihn vor dem Verwenden 3 Minuten in kochendem Wasser.

Die Tomaten zusammen mit Knoblauch, einer Prise Salz, Olivenöl, Essig, Gurke, roten Paprikaschoten, Zitronensaft und Frühlingszwiebeln in einer Küchenmaschine glatt pürieren. Die Suppe vor dem Servieren für 30 Minuten in den Kühlschrank stellen – dabei verschwindet auch möglicher Schaum auf der Suppe. Ein paar Eiswürfel zugeben, um den Kühlprozess zu beschleunigen, denn die Gazpacho sollte vor dem Servieren wirklich sehr kalt ein.

Jede Portion Suppe mit etwas Olivenöl, Frühlingszwiebeln, Gurken und Tomaten sowie frisch gemahlenem schwarzen Pfeffer garnieren. Dazu knusprige Parmesan-Toasts servieren.

\\\ TIPP ///

Viele traditionelle Gazpacho-Rezepte enthalten auch eine Scheibe altbackenes Brot (ohne Kruste), das in Wasser eingeweicht und noch vor dem Mixen mit den Tomaten vermischt wird, um der Suppe eine cremigere Konsistenz zu verleihen. Wenn Sie es gerne feuriger mögen, geben Sie einen Spritzer Tabasco hinzu. Lieben Sie Zwiebeln, dann mischen Sie eine gehackte Schalotte darunter. Als Topping eignen sich auch Basilikum, Koriander oder frischer Oregano. Oder Sie krönen die Suppe mit einem Klecks Guacamole (siehe Seite 178), gehackten Avocados oder gewürfeltem Schinken.

BRUNNENKRESSESUPPE

PORTIONEN: 4
VORBEREITUNGSZEIT: 10 MINUTEN • GARZEIT: 20 MINUTEN
WF · GF · MF · V · (Ve mit Öl)

1 EL **Butter** oder **Olivenöl**
2 **Zwiebeln**, fein gewürfelt
200 g (ca. 2 mittelgroße) **Kartoffeln**, geschält und gewürfelt
400 ml heiße **Gemüsebrühe**
400 ml **kochendes Wasser**
300 g **Brunnenkresse**, plus ein wenig extra zum Servieren
1 ½ TL **Zitronensaft**
Salz und **frisch gemahlener schwarzer Pfeffer**

Diese Suppe wird – ganz ungewöhnlich – ohne Sahne oder Crème fraîche zubereitet, was das pfeffrige Aroma der Brunnenkresse sehr gut zur Geltung bringt und auch für die leuchtend grüne Farbe sorgt. Wenn Sie es gerne ein bisschen schicker hätten, dann rühren Sie vor dem Servieren 4 Esslöffel Sahne unter.

Butter oder Öl in einem großen Topf mit Deckel bei niedriger Temperatur erhitzen. Zwiebeln und eine Prise Salz hineingeben und in ca. 10 Minuten die Zwiebeln weich dünsten. Kartoffeln, heiße Brühe und kochendes Wasser zugeben und so lange köcheln, bis die Kartoffeln weich sind.

In der Zwischenzeit die Brunnenkresse in eine Schüssel geben und eine weitere Schüssel mit kaltem Wasser füllen. Das Wasser im Wasserkocher zum Kochen bringen, dann über die Brunnenkresse gießen. Nach 1 Minute die Brunnenkresse mit einer Zange sofort in die Schüssel mit dem kalten Wasser heben, um den Garprozess zu stoppen. Zur Seite stellen.

Die Brühe von der Herdplatte nehmen und in einen Standmixer umfüllen. Die blanchierte Brunnenkresse und den Zitronensaft zugeben und alles glatt pürieren (wenn nötig, portionsweise vorgehen). Mit Salz und Pfeffer abschmecken. Jede Portion mit etwas Brunnenkresse garniert servieren.

TIPP

Ca. 5 Minuten bevor die Kartoffeln weich sind, 100 g tiefgefrorene Erbsen hinzufügen. Oder vor dem Servieren ein frisch pochiertes Ei in die Suppe gleiten lassen. Auch Croûtons (siehe Seite 196) passen hervorragend zu der Suppe.

FRISCH & FRÖHLICH

FRÜHLINGSMINESTRONE MIT PESTO

PORTIONEN: 4
VORBEREITUNGSZEIT: 15 MINUTEN · GARZEIT: 10 MINUTEN
V · (**MF** · **Ve** ohne Pesto)

1 EL **Olivenöl**
2 **Frühlingszwiebeln**, fein gehackt
3 **Schalotten**, in feine Halbringe geschnitten
150 g **dicke Bohnen**
150 g **grüne Bohnen**, geputzt
150 g **grüner Spargel**, die holzigen Enden entfernt
800 ml **selbst gemachte Gemüsebrühe** (siehe Seite 217), **selbst gemachte Hühnerbrühe** (siehe Seite 214) oder **heißes Wasser**
150 g **kleinteilige Pasta**, wie **Macaroni**, **Spaghettistückchen** oder **Linguine**
150 g **Erbsen**, frisch oder tiefgefroren
150 g **Little-Gem-Salat** oder **Romana-Salat**, klein geschnitten
Salz und **frisch gemahlener schwarzer Pfeffer**

ZUM SERVIEREN:
frischer **Schnittlauch**, fein gehackt
selbst gemachtes oder **frisches Pesto** (siehe Seite 186), auf Zimmertemperatur (optional)

Diese Minestrone ist genau die richtige Suppe, wenn Sie in Ihrem Leben einen kleinen Energie-Kick brauchen. Im Frühling oder Sommer können Sie das Rezept ganz nach Belieben saisonal abwandeln — Zucchini, Fenchel, klein geschnittener Mangold oder Bohnen eignen sich sehr gut. Um die Aromen des Gemüses zu maximieren, nehmen Sie für diese Suppe lieber keine Brühwürfel.

Das Öl in einem großen Topf mit Deckel bei niedriger Temperatur erhitzen. Sobald es heiß ist, Frühlingszwiebeln und Schalotten sowie eine Prise Salz hineingeben und ca. 10 Minuten sehr sanft unter oftmaligem Rühren anschwitzen, ohne dass die Zwiebeln braun werden.

In der Zwischenzeit das Gemüse vorbereiten: die dicken Bohnen einige Minuten in kochendem Wasser blanchieren, dann von der Herdplatte nehmen, abgießen und mit kaltem Wasser bedecken. Die kleinen runden Bohnen aus ihrer Hülse drücken und zur Seite stellen, die Schalen entsorgen.

Die grünen Bohnen in 3–5 cm lange Stücke schneiden. Die Spargelspitzen abtrennen und zur Seite legen, die Stangen in ungefähr gleich große Stücke wie die Bohnen schneiden.

Brühe oder Wasser in den Topf mit den Zwiebeln gießen und bei geschlossenem Deckel zum Kochen bringen, dann die Pasta zugeben und ca. 4 Minuten kochen. Nach dieser Zeit die beiden Bohnenarten, den Spargel und die Erbsen hinzufügen, den Deckel wieder auflegen, alles aufkochen lassen und weitere 4 Minuten köcheln. Den Topf von der Herdplatte nehmen und sichergehen, dass die Pasta bissfest gegart ist, dann den Salat und etwas frisch gemahlenen schwarzen Pfeffer unterrühren.

Sofort servieren, damit das Gemüse noch schön knackig ist. Jede Schüssel mit etwas darüber gestreutem Schnittlauch und nach Belieben mit Pesto garnieren.

TIPP

Fleischliebhaber können die Hühnerfleischbällchen von Seite 61 dazu probieren oder die Suppe mit knusprigen Speckwürfeln (siehe Seite 192) verfeinern. Auch Pangrattato (siehe Seite 198) macht sich toll dazu.

UYENS VEGANE PHO

PORTIONEN: 4 (Abbildung umseitig)
VORBEREITUNGSZEIT: 15 MINUTEN · GARZEIT: bis zu 1 STUNDE
WF · GF · MF · V · Ve

FÜR DIE BRÜHE:

- 2 **Zwiebeln**, geschält, die Enden abgeschnitten
- 2 große Stücke **frischer Ingwer**, geschält und längs halbiert
- ½ **Daikon-Rettich**
- 2 **Karotten**, geschält und geviertelt
- 1 **Fenchelknolle**, geviertelt
- 2 Stangen **Staudensellerie**, geviertelt
- ½ **Kohlrabi**, geschält und geviertelt
- 10 g **Kandiszucker**
- 10 g **Steinsalz** (bevorzugt rosa Himalaya-Salz)
- 2 **Sternanise**
- 1 fingerlange **Orangenzeste**
- 1 **Gewürznelke**
- 1 TL **Koriandersamen**
- 1 TL **Fenchelsamen**
- 2 l **kochendes Wasser**

Uyen Luu ist eine der besten Food-Autorinnen in Großbritannien und kreiert wunderbare vietnamesische Rezepte, darunter auch dieses für die berühmte vietnamesische Nudelsuppe Pho: „Pho ist ein beliebtes Frühstück bei den Vietnamesen. Der buddhistische Teil der Bevölkerung ernährt sich die meiste Zeit des Jahres vegetarisch oder vegan, aber sie verlassen sich stets auf die verführerische Kraft einer Pho, die die Sinne weckt und so für einen tollen Start in den Tag sorgt. Dieses Rezept lässt sich auch mit Hühnerbrühe zubereiten und um Fleisch erweitern. Auch Fischsauce kann für einen reichhaltigeren Umami-Geschmack ergänzt werden. Für diese nahrhafte und bekömmliche Mahlzeit, die sich zu jeder Tageszeit genießen lässt, können Sie jegliches Gemüse verwenden, das gerade Saison hat oder sich im Kühlschrank findet." Hor-Fun- und Pho-Nudeln sind für gewöhnlich gluten- und weizenfrei. Mooli oder Daikon-Rettich ist eine asiatische Rettichsorte, Langer Koriander ist ein asiatisches Kraut, das stark an den uns bekannten Koriander erinnert. All diese Zutaten erhalten Sie im Asialaden oder online.

ZUM SERVIEREN:
1 EL **geschmacksneutrales Öl**
120 g **fester Tofu**, in 4 Stücke à 1 cm geschnitten, dann halbiert
2 **Frühlingszwiebeln**, in feine Ringe geschnitten
1 Handvoll **frischer Koriander**, grob gehackt
4 Portionen **frische Hor-Fun-Nudeln**, getrennt und in kochendem Wasser blanchiert, oder 1 Packung **getrocknete Pho-Nudeln** (à 400 g) und ein Schuss **Essig**
16 **frische** oder **getrocknete Shiitake-Pilze** (optional), 20 Minuten in heißem Wasser eingeweicht (wenn getrocknete verwendet werden)
8 Blätter **Pak Choi**
1 **Vogelaugenchili**, in feine Ringe geschnitten
1 **Schalotte**, in feine Ringe geschnitten
Salz und **frisch gemahlener schwarzer Pfeffer**

Zum Garnieren:
frisches Thai-Basilikum
frische Korianderblätter
Vogelaugenchili, in Ringe geschnitten
Limettenspalten
Langer Koriander (optional)
Bohnensprossen (optional)
Sriracha-Chili-Sauce
Chiliöl (siehe Seite 177)
Hoisinsauce (optional)

Für die Brühe eine Grillpfanne stark erhitzen. Eine der Zwiebeln zusammen mit dem Ingwer und dem Daikon-Rettich grillen, sodass das Gemüse dunkle karamellisierte Streifen aufweist. Das dauert ca. 5 Minuten.

Das angekohlte Gemüse zusammen mit den restlichen Zutaten für die Brühe in einen großen Topf geben und zum Kochen bringen. Bei geschlossenem Deckel mindestens 45 Minuten köcheln.

Das Öl bei hoher Temperatur in einer Pfanne erhitzen. Den Tofu von jeder Seite 5 Minuten anbraten, bis er goldbraun ist, dann auf Küchenkrepp abtropfen lassen.

Frühlingszwiebeln und Koriander mischen. Die Karotten aus der Brühe schöpfen und in Scheiben schneiden.

Wenn Sie getrocknete Nudeln verwenden, diese in einem Topf mit kochendem Wasser bedecken und eine Prise Salz sowie den Essig zugeben. Bei geschlossenem Deckel 5–10 Minuten stehen lassen (oder entsprechend der Packungsanweisung). Abgießen, unter warmem Wasser abspülen und auflockern, damit sich die Nudelstränge teilen.

Die Nudeln in 4 tiefe Schüsseln verteilen und mit einer Prise schwarzem Pfeffer würzen. Je 2 Scheiben Tofu, 4 Shiitake-Pilze, ein paar Karotten aus der Brühe, etwas Pak Choi und Chili in jede Schüssel geben. Mit der Frühlingszwiebel-Koriander-Mischung und Schalotten-Ringen garnieren. Die Brühe erhitzen und dann so viel davon in die Schüsseln schöpfen, bis die Nudeln bedeckt sind.

Je nach Belieben mit einigen oder allen der vorgeschlagenen Garnituren servieren.

JOELLES SUPPE ZUM MITSINGEN

PORTIONEN: 4 als Vorspeise oder 2 als Hautgericht
VORBEREITUNGSZEIT: 5 MINUTEN · GARZEIT: 35 MINUTEN
WF · GF · MF · (**V · Ve** mit Gemüsebrühe)

- 1 EL **Olivenöl**
- ½ **Zwiebel**, gewürfelt
- 600 g **Karotten**, gewürfelt
- 2 **Knoblauchzehen**, zerdrückt
- 1 großes Stück **frischer Ingwer**, geschält und gerieben
- ½ TL **gemahlener Kreuzkümmel**
- 1 **Lorbeerblatt**
- 500 ml hochwertige heiße **Hühner**- oder **Gemüsebrühe**
- **Salz** und **frisch gemahlener schwarzer Pfeffer**
- **Chiliöl**, zum Servieren (siehe Seite 177)

Joelle Davis war Johns Assistentin und ist jetzt Mentorin der Sängerinnen und Sänger im „singenden" LEON-Restaurant in der Shaftesbury Avenue. Diese swingende-singende Suppe ist ihre Komposition.

Das Öl in einem großen Topf mit Deckel bei niedriger Temperatur erhitzen. Die Zwiebeln und Karotten dazugeben und bei halb geschlossenem Deckel unter häufigem Rühren ca. 20 Minuten sanft köcheln, bis die Zwiebeln glasig sind. Knoblauch und Ingwer hinzufügen und 2 Minuten anschwitzen, dann Kreuzkümmel, Lorbeerblatt und heiße Brühe einrühren. Ca. 15 Minuten simmern, bis die Karotten sehr weich sind.

Den Topf von der Herdplatte nehmen, das Lorbeerblatt herausfischen und die Suppe glatt pürieren. Mit Salz und Pfeffer abschmecken.

Mit etwas Chiliöl beträufelt servieren.

TIPP

Für Joelle ist das möglichst lange Anschwitzen des Gemüses der Schlüssel zu seinen Aromen.

EISGEKÜHLTE AVOCADOSUPPE

PORTIONEN: 4 als Vorspeise
VORBEREITUNGSZEIT: 10 MINUTEN
WF · GF · MF · V · Ve

Saft von 2 **Limetten**, nach Belieben
2 **Avocados**, grob gehackt
1 Prise **Salz**, nach Belieben
1 TL **Chilisauce**, nach Belieben
2 **Frühlingszwiebeln**, fein gehackt
200 g **Gurken**, fein gehackt
300 ml **eiskaltes Wasser**

ZUM SERVIEREN:
frische rote Chilischoten, fein gehackt
Korianderblätter, fein gehackt
2 **Tomaten**, entkernt und fein gehackt
1 **Schalotte**, fein gewürfelt (optional)

Avocados sind mittlerweile die Hauptwährung bei LEON und werden wohl bald den Dollar als unsere Leitwährung ablösen. Jeder will sie haben. Diese Suppe erst ganz kurz vor dem Servieren zubereiten, damit die schöne Farbe erhalten bleibt.

Den Saft einer Limette in den Messbecher des Standmixers füllen und alle übrigen Zutaten für die Suppe hinzufügen. Glatt pürieren. Wenn die Suppe zu dickflüssig sein sollte, etwas mehr Eiswasser dazugeben. Mit Limettensaft, Salz und Chilisauce abschmecken.

Zum Servieren in 4 Schüsseln verteilen und mit roten Chilis, Koriander, Tomaten und Schalotte (wenn verwendet) garnieren.

\\\\TIPP////
Tostadas (siehe Seite 133) dazu reichen.

FRISCH & FRÖHLICH

SHAKSHUKA

PORTIONEN: 2
VORBEREITUNGSZEIT: 10 MINUTEN · GARZEIT: 40 MINUTEN
WF · GF (ohne Brot) · **V** (mit Gemüsebrühe)

2 EL **Olivenöl**
1 **Zwiebel,** gewürfelt
1 **rote Paprikaschote,** entkernt und grob gewürfelt
4 **Knoblauchzehen,** zerdrückt
½ TL **gemahlener Kreuzkümmel**
1 Dose **gehackte Tomaten** (à 400 g)
300 ml heiße **Hühner-** oder **Gemüsebrühe**
1–2 TL **Harissa** (aus dem Supermarkt oder siehe Seite 173), oder
 1 TL **edelsüßes** oder **scharfes Paprikapulver**
1 TL **brauner Zucker**
2 **Eier**
Salz und **frisch gemahlener schwarzer Pfeffer**

ZUM SERVIEREN:
50 g **Feta** oder ein anderer krümeliger salziger Käse
1 Handvoll **frischer Koriander,** grob gehackt
1 Handvoll **frische Petersilie,** grob gehackt
geröstetes Brot, knusprige Brötchen (siehe Seite 205), **getoastetes Fladenbrot** (siehe Seite 210) oder **Pita-Brot**

Shakshuka ist ein israelisches Gericht, das zum Frühstück oder Mittagessen gereicht wird und inzwischen die Speisekarten aller angesagten Cafés und Bistros ziert. Wenn man es in einer suppenartigeren Konsistenz zubereitet, hat man mehr von der köstlichen Sauce, die man herrlich mit Brot auftunken kann. Ersetzen Sie die Dosentomaten im Sommer durch frische Tomaten, die enthäutet, entkernt und gehackt werden. Harissa ist nicht unbedingt nötig, ihre Schärfe macht die Shakshuka jedoch zum ultimativen Katerfrühstück.

Das Öl in einem großen Topf mit Deckel bei mittlerer Temperatur erhitzen. Sobald es heiß ist, eine Prise Salz, die Zwiebel- und Paprikastücke dazugeben und unter Rühren ca. 10 Minuten anschwitzen, bis die Paprikas langsam weich werden und die Zwiebeln glasig sind. Knoblauch hinzufügen und 1 Minute mitbraten, dann den Kreuzkümmel einrühren und erneut 1 Minute braten.

Als Nächstes Tomaten, Brühe und Harissa (wenn verwendet) oder Paprikapulver dazugeben. Mit einem Kartoffelstampfer oder der Rückseite eines großen Löffels die Tomatenstückchen zerdrücken, bis die Sauce breiig ist. Etwas schwarzen Pfeffer sowie Zucker hinzufügen, die Hitze reduzieren und bei geschlossenem Deckel 20 Minuten köcheln.

Die Eier vorsichtig in die Tomatensauce aufschlagen, dabei ein wenig Abstand dazwischen lassen und den Deckel schließen. Bei niedriger Hitze ca. 7 Minuten garen, bis die Eier die gewünschte Konsistenz aufweisen. Mit einem Schöpflöffel die Eier und etwas von der dicken Tomatensauce vorsichtig in Schüsseln verteilen. Jedes Ei mit etwas Salz und Pfeffer würzen, den Feta darüber zerkrümeln und mit Koriander und Petersilie bestreuen. Mit Brot zum Dippen in das Eigelb und zum Auftunken der Sauce servieren.

\\\ TIPP ///

Anstelle von Feta können Sie auch Labneh (siehe Seite 183), Knoblauchjoghurt (siehe Seite 170), knusprige Chorizowürfel (siehe Seite 192) oder gebratene Wurst mit Knoblauch nehmen.

OLIVERS SUPPE MIT ROTER BETE, KORIANDER, TOFU & BLUTORANGE

PORTIONEN: 4
VORBEREITUNGSZEIT: 20 MINUTEN · GARZEIT: 40 MINUTEN
WF · GF · MF · (V · Ve mit Gemüsebrühe)

- 2 EL **Olivenöl**, plus ein wenig extra zum Beträufeln
- 2 kleine **Zwiebeln**, grob gewürfelt
- 2 Stangen **Staudensellerie**, grob gewürfelt
- 2 große **Karotten**, grob gewürfelt
- 1 TL **Koriandersamen**
- 2 **Knoblauchzehen**, zerdrückt
- 6 mittelgroße **Rote Beten**, geschält und gehackt
- 2 **Lorbeerblätter**
- ca. 800 ml heiße **Hühner-** oder **Gemüsebrühe**
- Saft und abgeriebene Schale von 1 **Blutorange**
- 1 TL **Zucker**
- 150 g **Seidentofu**
- 1 Stück **frischer Ingwer** (1 cm), geschält und gerieben
- **Salz** und **frisch gemahlener schwarzer Pfeffer**
- ½ Bund **frischer Koriander**, fein gehackt, zum Servieren

Oliver Rowe ist Foodstylist und Autor und er hat all die herrlichen Aufnahmen in diesem Buch gestaltet. Das ist sein ganz persönlicher Beitrag.

Das Olivenöl in einem großen Topf erhitzen. Zwiebeln, Sellerie und Karotten mit der Hälfte der Koriandersamen sanft darin anschwitzen, bis das Gemüse weich ist und anfängt, goldbraun zu werden. Den Knoblauch dazugeben und 1 Minute braten.

Die Rote Bete zusammen mit dem Lorbeerblatt hinzufügen, mit der Brühe bedecken und köcheln lassen, bis alles zart, aber nicht zu weich ist.

Während die Rote Bete gart, Blutorangensaft und Zucker in einem kleinen Topf bei mittlerer Hitze köcheln lassen, bis der Saft leicht eingedickt ist. Tofu und Ingwer in der Küchenmaschine glatt pürieren. Bei Bedarf ein wenig Wasser hinzufügen, bis eine dickflüssige Konsistenz entstanden ist. Die übrigen Koriandersamen in einer heißen Pfanne leicht anrösten und zur Seite stellen.

Sobald die Rote Bete gar ist, die Lorbeerblätter entnehmen und die immer noch warme Suppe glatt pürieren. Bei Bedarf mehr Wasser oder Brühe bis zur gewünschten Konsistenz zugeben. Nach Belieben abschmecken.

Vor dem Servieren den Blutorangenabrieb einrühren, dann sanft auf Serviertemperatur bringen. Erneut mit Salz abschmecken und in 4 vorgewärmte Schüsseln verteilen. Mit einem Esslöffel Tofumischung garnieren und mit Olivenöl und der Orangensaftreduktion beträufeln. Mit dem frischen Koriander, den gerösteten Koriandersamen und etwas schwarzem Pfeffer bestreut servieren.

TIPP
Fladenbrot (siehe Seite 210) oder Matzen dazu reichen.

ALLES SOBA

PORTIONEN: 2
VORBEREITUNGSZEIT: 15 MINUTEN · GARZEIT: 10 MINUTEN
WF · GF (je nach Nudeln) · MF

- 1 EL **Feinstzucker**
- 1 EL **Mirin**
- 1 EL **Sojasauce**
- 1 EL **Sake** oder **trockener Sherry** (optional)
- 2 **Lachsfilets** aus nachhaltiger Züchtung
- 1 gehäufter EL **getrocknete Wakame-Algen** (optional)
- 125 g **Soba-Nudeln**
- 1 EL **Pflanzenöl**
- 1 EL **weiße Misopaste**
- 350 ml heiße **Gemüsebrühe** oder **selbst gemachter Fischfond** (siehe Seite 216)
- 150 ml **kochendes Wasser**
- 1 Kopf **Pak Choi** oder ein anderes **grünes asiatisches Blattgemüse**, geputzt, in Blätter geteilt, große Blätter längs halbiert

ZUM SERVIEREN:
- 2 **Frühlingszwiebeln**, fein gehackt
- 2 EL **ungesalzene geröstete Erdnüsse**
- frischer **Limettensaft**
- je 1 Prise **schwarze** oder **goldene Sesamkörner**, geröstet
- **eingelegter Ingwer** (gekauft oder siehe Seite 194)

John verbrachte den letzten Oktober in Tokio und einer seiner schönsten Restaurantbesuche dort galt einem Soba-Nudel-Haus in der Nähe des Hokoku-ji-Tempels in Kamakura. Japanische Soba-Nudeln bestehen aus Buchweizen – einem nicht glutenhaltigen Pseudogetreide –, das ihnen ein nussiges Aroma verleiht. Bei diesem Rezept geht es vor allem darum, alles schon bereitzulegen, bevor Sie starten, damit die gekochten Zutaten nicht verderben.

Zunächst den Lachs vorbereiten: Zucker, Mirin, Sojasauce und Sake oder Sherry sorgfältig verquirlen, damit sich der Zucker auflöst. Die Lachfilets in der Mischung marinieren und zur Seite stellen, bis sie benötigt werden.

Die Zutaten für die Brühe vorbereiten: Die Wakame-Algen 10–15 Minuten mit kaltem Wasser bedecken, damit sie ausreichend Flüssigkeit aufnehmen können. Einen Topf mit Wasser zum Kochen bringen und die Nudeln darin 2 Minuten garen, dann abgießen und zur Seite stellen, aber warm halten.

Das Pflanzenöl in einer Pfanne bei mittlerer Temperatur erhitzen. Sobald es heiß ist, den Lachs aus der Marinade nehmen und in die Pfanne geben. Sobald er brät, wird die Marinade sehr dunkelbraun. Von jeder Seite ca. 1 ½ Minuten anbraten. Aus der Pfanne nehmen und warm stellen. Die Marinade in die Bratpfanne geben und einige Minuten sanft einreduzieren lassen, während die Brühe zubereitet wird.

Misopaste, heiße Brühe und das kochende Wasser, in dem auch die Nudeln zubereitet wurden, vermischen. Zum Köcheln bringen, dann das Blattgemüse hineingeben. Sobald es nach ca. 30 Sekunden zusammengefallen ist, die gekochten Nudeln, die Brühe und das Gemüse in 2 Schüsseln verteilen.

Zum Servieren mit Frühlingszwiebeln und Erdnüssen bestreuen. Den warmen Lachs mit etwas Sauce aus dem Topf beträufeln, dann in der Suppe platzieren. Über alles ein bisschen Limettensaft träufeln, mit Sesam bestreuen und den eingelegten Ingwer dazu servieren.

TIPP

Obwohl Soba-Nudeln eigentlich glutenfrei sind, wird das Mehl, das dafür verwendet wird, manchmal in Mühlen verarbeitet, in denen auch glutenhaltige Produkte hergestellt werden; andere wiederum enthalten auch Weizenmehl, also achten Sie am besten auf die Verpackungsangaben, wenn Sie auf Gluten verzichten müssen. Soba-Nudeln, Misopaste, Mirin, eingelegten Ingwer und Wakame-Algen bekommen Sie im Asialaden, in größeren Supermärkten oder online.

INDISCHE KHADI-JOGHURT-SUPPE

PORTIONEN: 4 mit Reis und anderen Curry-Gerichten
VORBEREITUNGSZEIT: 5 MINUTEN · GARZEIT: 15 MINUTEN
WF · GF · V

250 g **griechischer Joghurt**
1 gehäufter EL **Kichererbsenmehl**
½ TL **frischer Ingwer**, gerieben
½ TL **gemahlene Kurkuma**
¼ TL **Chilipulver**
500 ml **kaltes Wasser**
Salz

ZUM RÖSTEN:
2 EL **Pflanzenöl**
1 TL **Senfkörner**
½ TL **Kreuzkümmelsamen**
reichlich **frisch gemahlener schwarzer Pfeffer**
10 **Curryblätter**
2 TL **frische grüne Chilistückchen**
1 Prise **Salz**

ZUM SERVIEREN:
frische Korianderblätter
gedämpfter Reis

Diese säuerliche heiße Joghurt-Suppe verdankt ihre würzigen Aromen den gebratenen und gerösteten Gewürzen, die vor dem Servieren darüber gestreut werden. Danach fühlt man sich so richtig schön von innen gewärmt.

Den Joghurt in eine große Schüssel geben und das Kichererbsenmehl darauf sieben. Ingwer, Kurkuma, Chilipulver und eine großzügige Prise Salz hinzufügen und glatt verrühren. Wasser dazugeben und wieder verrühren.

Die Joghurtmischung in einen Topf geben und unter Rühren bei niedriger Hitze langsam erwärmen, damit der Joghurt nicht gerinnt. Schließlich sachte köcheln lassen. (Der Joghurt wirkt zu diesem Zeitpunkt noch nicht sehr aufregend und sieht auch nicht so aus; aber keine Sorge.) 5 Minuten köcheln lassen, dabei weiterrühren, da sich sonst Klümpchen am Boden bilden. Zu einer suppigen Konsistenz einkochen lassen. Den Topf von der Herdplatte nehmen.

Die Suppe in 4 Schüsseln verteilen. Kurz vor dem Servieren das Öl in einer kleinen Pfanne bei mittlerer Temperatur erhitzen. Senfkörner, Kreuzkümmelsamen, schwarzen Pfeffer, Curryblätter, Chilis und Salz darin 1–2 Minuten rösten, bis die Samen anfangen aufzuplatzen und die Blätter zusammenfallen. Von der Herdplatte nehmen und die gerösteten Gewürze über die Suppe streuen. Mit Korianderblättern garnieren und sofort servieren. Dazu gedämpften Reis reichen.

> **TIPP**
>
> Das Kichererbsenmehl stabilisiert den Joghurt, damit er sich überhaupt kochen lässt. Kichererbsenmehl ist nicht nur in allen möglichen indischen und glutenfreien Broten und Backwaren enthalten, Sie können damit auch herrliche Schokobrownies backen. Für ein knusprigeres Topping nehmen Sie eine Handvoll nussiges Dukkah (siehe Seite 190).

FLOTTE ERBSEN-MINZ-SUPPE

PORTIONEN: 4 als Vorspeise oder 2 als herzhaftes Mittagessen
VORBEREITUNGSZEIT: 10 MINUTEN · GARZEIT: 10 MINUTEN
WF · GF

- 1 Stich **Butter** oder 1 EL **Öl**
- 2 **Frühlingszwiebeln**, fein gehackt
- 50–60 g **Räucherspeck** oder **Schinken** (ca. 2 Streifen), grob gehackt (optional)
- 250 ml heiße **Hühner-** oder **Gemüsebrühe**
- 250 ml **kochendes Wasser**
- 500 g **Erbsen**, frisch oder tiefgefroren
- 1–2 TL frisch gepresster **Zitronensaft**
- **Salz** und **frisch gemahlener schwarzer Pfeffer**

ZUM SERVIEREN:
- 2–4 EL **Sahne** oder **Saure Sahne** (optional)
- **frische Minze**, fein gehackt

Obwohl diese Suppe aus tiefgefrorenen Erbsen besteht, fühlt sie sich auch dann nach Frühling an, wenn sie mitten im tiefsten Winter zubereitet wird. Da wir zur Hälfte Wasser und zur Hälfte Brühe nehmen, wird das Aroma der Erbsen nicht überdeckt. In der Anfangszeit von LEON war diese Suppe ein großer Renner. Vielleicht lassen wir uns zu einer Rückkehr überreden.

Butter oder Öl in einem Topf bei mittlerer Temperatur erhitzen. Die Frühlingszwiebeln und den Speck oder Schinken 5 Minuten sanft darin dünsten, jedoch nicht anbräunen lassen. Die heiße Brühe und das kochende Wasser angießen, die Erbsen zugeben und zum Kochen bringen. Einige Minuten köcheln lassen; wenn frische Erbsen verwendet werden, ein wenig länger. Die Suppe glatt pürieren.

Etwas schwarzen Pfeffer und einen Teelöffel Zitronensaft einrühren und mit Salz abschmecken. Die Menge des Salzes hängt davon ab, ob Speck verwendet wurde und wie salzig dieser ist. Den restlichen Zitronensaft nach Bedarf dazugeben.

Mit etwas Sahne oder Saurer Sahne (falls verwendet) und bestreut mit Minze servieren.

TIPP
Ersetzen Sie die Minze durch Basilikum oder nehmen Sie Joghurt anstelle der Sahne. Auch knusprig gebratener Speck oder roher Schinken wie Prosciutto macht sich toll in der Suppe, ebenso geriebener Parmesan.

MAIS-PAPRIKA-SUPPE NACH MEXIKANISCHER ART MIT GUACAMOLE

PORTIONEN: 4
VORBEREITUNGSZEIT: 10 MINUTEN · GARZEIT: 30 MINUTEN
(**WF · GF** je nach Tostadas) · **V** · (**MF · Ve** ohne Käse und Sahne)

- 2 EL **Olivenöl**
- 1 **Zwiebel**, gewürfelt
- 1 Stange **Staudensellerie**, gewürfelt
- 1 **rote Paprikaschote**, entkernt und gewürfelt
- 1 EL **rote Chilischote**, entkernt und fein gehackt, plus ein wenig extra zum Garnieren, nach Belieben
- 2 **Knoblauchzehen**, zerdrückt
- 1 ½ TL **gemahlener Kreuzkümmel**
- 1 ½ TL **gemahlener Koriander**
- 1 l heiße **Gemüsebrühe**
- 1 **Lorbeerblatt**
- 350 g **Zuckermais**, frisch oder tiefgefroren (nicht aus der Dose)
- frisch gepresster **Limettensaft**, nach Belieben
- **Salz** und **frisch gemahlener schwarzer Pfeffer**

ZUM SERVIEREN:
- **Feta, Saure Sahne** oder **mexikanischer Queso Fresco** (optional)
- **selbst gemachte Guacamole**, auf Zimmertemperatur (siehe Seite 178)
- **Korianderblätter**
- **Tostadas** (siehe Tipp)

Chili-Aficionados können diese Suppe noch zusätzlich mit geräucherten Chiliflakes, Chipotlesauce oder geräuchertem Paprikapulver verfeinern.

Das Öl in einem großen Topf bei mittlerer Temperatur erhitzen. Zwiebeln, Sellerie, eine Prise Salz und Pfeffer hineingeben und unter Rühren 10 Minuten sanft anschwitzen. Paprikastücke und Chilis hinzufügen und 5 Minuten köcheln. Knoblauch sowie Kreuzkümmel und Koriander untermischen und einige Minuten unter Rühren anbraten.

Brühe und Lorbeerblatt zugeben und zum Kochen bringen. Frischen Mais jetzt hinzufügen. 10 Minuten köcheln lassen, bis das Gemüse weich ist. Vorgekochten Mais erst zugeben, sobald das übrige Gemüse weich ist, dann wieder aufkochen lassen und 3 Minuten köcheln.

Den Topf von der Herdplatte nehmen, das Lorbeerblatt herausfischen und die Suppe glatt pürieren. Wenn sie zu dünn ist, noch ein paar Minuten einkochen lassen.

Wieder von der Herdplatte nehmen. Einen Teelöffel Limettensaft zugeben und mit Salz, Pfeffer und Limettensaft abschmecken. (Sollten Sie die Suppe mit Feta garnieren, dann bedenken Sie beim Abschmecken, dass er auch noch recht salzig ist.)

Jede Portion mit Saurer Sahne oder Käse, einem Klecks Guacamole, roten Chilis und Korianderblättern garnieren. Dazu knusprige Tostadas reichen.

> **TIPP**
>
> Knusprige Tortilla-Tostadas sind wie essbare Löffel. Für die Zubereitung den Ofen auf 200 °C vorheizen. Eine Prise Salz mit etwas geschmacksneutralem Öl mischen (nach Belieben mit geräuchertem Paprikapulver oder Chilipulver ergänzen) und 4 kleine Maistortillas mit der Mischung bestreichen. Im Ofen 4 Minuten erwärmen, dann wenden und in weiteren 2 Minuten knusprig backen.

SCHICKE KLASSIKER

OLIVERS TOPINAMBURSUPPE MIT BACKOFENOLIVEN & ZIEGENKÄSE

PORTIONEN: 4
VORBEREITUNGSZEIT: 20 MINUTEN · GARZEIT: 50 MINUTEN
V

- 2–3 Scheiben **Sauerteigbrot**
- 4 EL **Olivenöl**, plus ein wenig extra zum Beträufeln (optional)
- 12 **grüne** oder **schwarze Oliven** von guter Qualität, mit Kernen
- 2 **Zwiebeln**, gewürfelt
- 3 Stangen **Staudensellerie**, gewürfelt
- 2 **frische Lorbeerblätter**
- 1 Zweig **frischer Thymian**
- 2–3 **Knoblauchzehen**, geschält und gehackt
- 500 g **Topinamburen**
- ca. 800 ml heiße **Gemüsebrühe** oder **heißes Wasser**
- 200 ml **Milch** (optional)
- **Salz** und **frisch gemahlener schwarzer Pfeffer**
- 50 g **krümeliger Ziegenkäse**, **Crème fraîche** oder **Joghurt**, zum Servieren

Oliver Rowe kann wirklich jedes Gericht gut aussehen lassen. (Halten Sie bei Gelegenheit Ausschau nach seinen Kochbuchmemoiren Food For All Seasons.*)*

Den Ofen auf 180 °C vorheizen. Das Brot in erbsengroße unregelmäßige Stückchen teilen und in einer Schüssel mit einem Esslöffel Öl und einer Prise Salz vermischen. Auf einem Backblech verteilen und 8–10 Minuten goldbraun rösten.

Die Oliven entkernen und mit einem weiteren Esslöffel Olivenöl vermischen. Auf einem zweiten Backblech ausbreiten und für ca. 25 Minuten in den Ofen schieben. Auf Küchenkrepp abkühlen lassen.

Das restliche Olivenöl in einem mittelgroßen Topf erhitzen und Zwiebeln, Sellerie, Lorbeerblätter, Thymian und eine gute Prise Salz zugeben. Ca. 5 Minuten sanft anschwitzen, dann den Knoblauch mitbraten, bis er leicht goldbraun ist.

Während das Gemüse gart, die Topinamburen grob zerkleinern. In ihren Ritzen und Winkeln versteckt sich oft Sand, zunächst am besten gut einweichen und vorsichtig abschrubben. Man kann sie auch schälen, dann verlieren sie jedoch an Aroma, weshalb wir es lieber bleiben lassen. Zum Gemüse im Topf geben und ein paar Minuten mitköcheln lassen, dann mit Brühe oder Wasser bedecken und alles leicht zum Simmern bringen. Ca. 20 Minuten köcheln, bis die Topinamburen sehr weich sind.

Den Topf von der Herdplatte nehmen, die Lorbeerblätter herausfischen und die Suppe in einem Standmixer glatt pürieren. Nach Belieben mit etwas mehr Brühe, Wasser oder Milch verdünnen. Mit Salz und Pfeffer abschmecken. Wenn die Suppe wirklich glatt sein soll, am besten durch ein Sieb passieren.

Zum Servieren die Suppe in 4 Schüsseln verteilen, nach Belieben mit Olivenöl beträufeln, den Käse darüberkrümeln und mit den Brotcroûtons und den Ofenoliven bestreuen.

\ \ \ TIPP / / /

Balsamico-Essig, Granatapfelsirup, Chiliflakes, Paprikapulver, gerösteter und gemahlener Kreuzkümmel, schwarze Zwiebelsamen oder geröstete Walnüsse ergeben ebenfalls ein tolles Topping.

GRÜNER SPARGEL MIT ROMESCO-SAUCE

PORTIONEN: 4 als Vorspeise oder 2 als Hauptgericht
VORBEREITUNGSZEIT: 10 MINUTEN · GARZEIT: 20 MINUTEN
(**WF · GF** ohne Romesco-Sauce) · **V** (mit Gemüsebrühe) · (**MF · Ve** mit Olivenöl)

- 1 EL **Butter** oder **Olivenöl**
- 3 **Frühlingszwiebeln**, fein gehackt
- 550 g **grüner Spargel**, die holzigen Enden entfernt
- 500 ml heiße **Hühner-** oder **Gemüsebrühe**
- 1 TL **Zitronensaft**
- **Salz** und **frisch gemahlener schwarzer Pfeffer**
- 2 gehäufte EL **Romesco-Sauce** (aus dem Supermarkt oder siehe Seite 188), auf Zimmertemperatur, zum Servieren

Es macht uns ein bisschen traurig, wenn wir im Dezember in den Läden dünnen, welken Spargel sehen, wo doch im Frühling in Europa köstliche, pralle Stangen wachsen. Diese Suppe bereiten Sie am besten nur dann zu, wenn der Spargel Saison hat und nicht um die halbe Welt transportiert werden muss.

Butter oder Öl in einem großen Topf bei mittlerer Temperatur erhitzen und die Frühlingszwiebeln und eine gute Prise Salz hinzufügen. Unter Rühren sanft anschwitzen, bis sie weich, aber nicht braun sind.

Den Spargel in kleine Stücke schneiden, dabei die Spitzen vom Rest trennen. Vier der Spitzen längs halbieren und in einem Topf mit kochendem Wasser kurz blanchieren, dann bis zum Servieren zur Seite stellen.

Die Brühe zu den Frühlingszwiebeln geben, die Temperatur erhöhen und zum Köcheln bringen, dann die Spargelstangen hineingeben und 2 Minuten garen lassen. Als Nächstes die Spitzen zugeben und weitere 3 Minuten köcheln, bis der Spargel weich ist, aber immer noch eine schöne grüne Farbe aufweist. Von der Herdplatte nehmen und den Zitronensaft sowie reichlich frisch gemahlenen schwarzen Pfeffer hinzufügen.

Die Suppe glatt pürieren, wenn nötig portionsweise. Mit Salz, Pfeffer und Zitronensaft abschmecken. In vorgewärmte Schüsseln verteilen und mit einem Esslöffel Romesco-Sauce und den übrigen Spargelspitzen garnieren.

\\\\ TIPP ////

Einige Rezepte für Spargelsuppe schlagen Ihnen vor, die armen Dinger 30 Minuten und mehr zu kochen. Auch das macht uns traurig, mal ganz abgesehen davon, dass die Suppe dadurch zu einem schlammigen Braungrau verkocht. Grüner Spargel muss wirklich nur ganz kurz garen, also halten Sie es kurz und bündig.

FRANZÖSISCHE ZWIEBELSUPPE

PORTIONEN: 4 als Vorspeise oder 2–3 als herzhaftes Hauptgericht
VORBEREITUNGSZEIT: 15 MINUTEN • GARZEIT: bis zu 2 STUNDEN 40 MINUTEN

1 gehäufter EL **gesalzene Butter**
1 EL **Olivenöl**
1 kg **Zwiebeln**, in feine Scheiben geschnitten
1 TL **Zucker**
1,5 l heiße **Rinderbrühe** (siehe Seite 215)
2 EL **Brandy**
2–3 Scheiben **Baguette** pro Person, je nach Größe der Schüsseln
100–150 g **Gruyère**, gerieben
Salz und **frisch gemahlener schwarzer Pfeffer**
frischer Schnittlauch, fein gehackt, zum Servieren

Obwohl es eine ganze Weile dauert, diesen noblen Klassiker zuzubereiten, ist es doch eine dieser Speisen, die hervorragend alleine vor sich hin blubbern können, während Sie sich anderen Dingen widmen – also die perfekte Vorspeise für ein schickes Abendessen. Die Suppe lässt sich gut vorbereiten und aufwärmen, die gerösteten Käse-Baguettes sollten Sie jedoch erst kurz vor dem Servieren in Angriff nehmen.

Vielleicht müssen Sie bei der Zubereitung dieses Bistro-Dauerbrenners ein paar Tränen vergießen, aber das ist es auf jeden Fall wert. Damit es schneller geht, schneiden Sie die Zwiebeln mit einer Mandoline oder mithilfe einer Küchenmaschine.

Butter und Öl in einem großen, breiten Topf mit Deckel bei mittlerer Temperatur erhitzen. Wenn diese zu schäumen beginnen, die Zwiebeln zusammen mit dem Zucker hinzufügen. Umrühren, damit die Zwiebeln gleichmäßig mit Fett überzogen sind, dann ca. 15 Minuten unter Rühren anschwitzen, bis sie gerade anfangen, Farbe anzunehmen.

Die Hitze reduzieren und die Zwiebeln 45 Minuten bis 1 ½ Stunden sanft anschwitzen (die Zeit ist abhängig von der Größe des verwendeten Topfes); dabei immer wieder mal umrühren, damit sie nicht anlegen. Dieser Schritt lässt sich nicht beschleunigen – die Zwiebeln sollen langsam karamellisieren und schließlich ein tiefes Goldbraun aufweisen. Ist die Temperatur zu hoch, verbrennen sie, und die Suppe schmeckt bitter.

Sobald die Zwiebeln einen schönen, gleichmäßigen Braunton angenommen haben, großzügig mit Salz und frisch gemahlenem Pfeffer würzen.

Als Nächstes die heiße Brühe zugießen und eventuelle Zwiebelstückchen am Boden des Topfes lösen. Die Suppe zum Köcheln bringen und so sanft wie möglich 45 Minuten simmern lassen. Den Brandy zugeben und weitere 15 Minuten garen. Mit Salz und Pfeffer abschmecken.

Zum Servieren so viele Baguettescheiben vorbereiten, dass jede Schüssel fast vollständig damit bedeckt ist. Den Grill anheizen und die Brotscheiben rösten.

Wenn Sie ofenfeste Suppenschüsseln haben, die Suppe in die Schüsseln verteilen, mit Brotscheiben belegen, geriebenen Käse darauf streuen und unter den heißen Grill stellen, damit der Käse schmilzt.

Ist das nicht der Fall, die Schüsseln vorwärmen. Die Brotscheiben auf ein Backblech setzen und jedes Stück mit einer großzügigen Schicht Gruyère bedecken. 3–4 Minuten grillen, bis der Käse blubbert. Jede Schüssel mit heißer Suppe füllen und die Käse-Baguettes darauflegen. Mit Schnittlauch bestreut servieren.

TIPP

Sie können das Brot nach dem Rösten zusätzlich noch mit Knoblauch einreiben.

PILZRAHMSUPPE

PORTIONEN: 2
VORBEREITUNGSZEIT: 10 MINUTEN • GARZEIT: 30 MINUTEN
(**WF** • **GF** ohne Toast) • **V** (mit Gemüsebrühe)

1 EL **Olivenöl**
1 Stich **Butter**
1 **Zwiebel**, fein gehackt
2 **Knoblauchzehen**, in Scheibchen geschnitten
1 TL **frische Thymianblätter**
6 Stängel **frische glatte Petersilie**, die Blättchen abgezupft und fein gehackt, die Stängel grob gehackt
300 g **gemischte Pilze**, in Scheiben geschnitten
500 ml heiße **Hühner-** oder **Gemüsebrühe**
4 EL **Sahne**
abgeriebene Schale von ½ **Zitrone**
Salz und **frisch gemahlener schwarzer Pfeffer**

ZUM SERVIEREN:
gebutterter Toast
natives Olivenöl extra

Eine erdige, cremige Suppe.

Öl und Butter in einem großen Topf bei mittlerer Temperatur erhitzen. Sobald sie geschmolzen sind, Zwiebeln sowie eine Prise Salz zugeben und unter Rühren ca. 8 Minuten sanft anschwitzen, ohne dass die Zwiebeln Farbe annehmen. Den Knoblauch hinzufügen und 1 Minute anbraten, dann Thymian, Petersilienstängel und Pilze zugeben und anbräunen (keine Sorge, wenn jetzt auch die Zwiebeln ein wenig braun werden). Sobald alles schön goldbraun ist, ein paar Esslöffel Pilze entnehmen, zum Garnieren beiseitestellen und warm halten.

Die Brühe angießen und mit reichlich frisch gemahlenem schwarzen Pfeffer würzen. Zum Köcheln bringen und bei geschlossenem Deckel 10–15 Minuten simmern lassen.

Zum Servieren von der Herdplatte nehmen, die Sahne und die Zitronenschale unterrühren und glatt pürieren. Bei Bedarf nachsalzen – es hängt von der Brühe ab, wie viel Salz noch nötig ist.

Die cremige Suppe mit den Pilzen, einem Spritzer Olivenöl und den Petersilienblättchen garnieren und zusammen mit gebuttertem, geröstetem Brot servieren.

> **TIPP**
>
> Als Topping eignen sich auch Schnittlauch, etwas Trüffelöl oder gar frische Trüffeln. Für einen Retro-Touch einen Schuss Sherry oder Brandy mit der Sahne zugeben sowie ein bisschen geriebene Muskatnuss.

HUMMER-BISQUE

PORTIONEN: 4 (Abbildung umseitig)
VORBEREITUNGSZEIT: 20 MINUTEN · GARZEIT: 1 ½ STUNDEN
WF · GF

- 2 **gekochte** oder **lebende Hummer**, jeweils ca. 600 g
- 4 EL **Olivenöl**
- 2 Stich **Butter**
- 2 **Zwiebeln**, gewürfelt
- 2 **Karotten**, gewürfelt
- 2 Stangen **Staudensellerie**, gewürfelt
- 2 **Knoblauchzehen**, zerdrückt
- 1 EL **Tomatenmark**
- 1 Zweig **frischer Estragon**, die Blätter abgezupft
- 1 **Lorbeerblatt**
- 200 ml **Weißwein**
- 3 EL **trockener Sherry**
- 1 l hochwertiger **frischer Fisch-** oder **Schalentierfond** (keine Brühwürfel, siehe Seite 216), oder eine Mischung aus Brühe und Kochflüssigkeit, wenn frischer Hummer verwendet wird
- 2 ½ EL **Reismehl**
- 2 EL **Crème double**, plus ein wenig extra zum Servieren
- ¼ TL **Cayenne-Pfeffer**, nach Belieben (optional)
- 1 TL **Zitronensaft**
- **Salz** und **frisch gemahlener schwarzer Pfeffer**
- **Toast**, zum Servieren

Wenn Sie mal so richtig angeben wollen, dann ist das genau die perfekte Suppe dafür. Diese Version ist eher einfach, aber immer noch ein bisschen extravagant und luxuriös.

Sie können das Rezept auch mit Krabbenfleisch zubereiten. Wenn Sie keinen frischen Fischfond haben, dann nehmen Sie stattdessen Hühnerbrühe oder selbst gemachte Gemüsebrühe, aber keine Gemüsebrühe oder Fischfond aus Würfeln oder Pulver.

Die Hummer in sprudelnd kochendes Wasser geben und ca. 15 Minuten kochen, wenn lebende Hummer verwendet werden (siehe dazu auch den Tipp auf der gegenüberliegenden Seite). Die Kochflüssigkeit aufbewahren.

Die gekochten Hummer mit einem scharfen Messer oder einer Küchenschere öffnen. Das süße weiße Fleisch aus dem Panzer und den Scheren lösen und zur Seite stellen. Den grünlichen Schleim aus dem Inneren und die Kiemen entsorgen. Schalen und rote Rogen aufbewahren, sie verleihen der Suppe zusätzlichen Geschmack. Wenn es Ihnen nicht gelingt, die Mundwerkzeuge vollständig zu säubern, diese ebenfalls entsorgen. Die Schale in Stücke hacken, die in den Topf passen.

Das Öl und ein nussgroßes Stück Butter in einem großen Topf mit Deckel stark erhitzen. Sobald beides heiß ist, die Hummerschalen zugeben. 6–8 Minuten sautieren, bis sie beginnen, Farbe anzunehmen.

Dann die Hitze reduzieren. Zwiebeln, Karotten und Sellerie hinzufügen und 8 Minuten anschwitzen, ohne dass sie braun werden. Knoblauch und Tomatenmark dazugeben und unter Rühren 2 Minuten anbraten. Die Temperatur wieder erhöhen und Estragon, Lorbeerblatt, Weißwein sowie Sherry einrühren. Alles 3–4 Minuten fröhlich vor sich hin blubbern lassen. Dann den Fond oder den Fond und die Kochflüssigkeit (wenn lebender Hummer verwendet wurde) zugeben. Langsam zum Simmern bringen und 1 Stunde köcheln lassen.

SCHICKE KLASSIKER

Die Brühe durch ein Sieb in einen sauberen Topf abseihen. Die Schalen vom Gemüse trennen und jedes kleine Stückchen Hummerfleisch lösen, das noch daran hängt. Auch die Säfte aus den Scheren durch das Sieb drücken, die Schalen dabei mit der Rückseite eines Holzlöffels ausdrücken, um wirklich das ganze Aroma zu extrahieren. Gemüse und Fleischstücke zurück in die Brühe geben, dabei achtgeben, dass sich keine größeren Schalenstücke in die Brühe verirren.

Das Reismehl in die Crème double sieben und glatt rühren. Ein Drittel des aufbewahrten Hummerfleisches aus Schwanz und Scheren mit der Sahnemischung zur Brühe geben und unter Rühren vorsichtig wieder zum Köcheln bringen. Ca. 5 Minuten köcheln lassen, um die Brühe einzudicken. Dann die Suppe portionsweise glatt pürieren (ein Standmixer ist für diese besondere Suppe für gewöhnlich besser geeignet). Wenn die Suppe im Mixer nicht völlig glatt wird, nochmals durchsieben. Mit Cayenne-Pfeffer und Zitronensaft abschmecken.

Das übrige Hummerfleisch in mundgerechte Stücke zerteilen. Das zweite Stück Butter in einer kleinen Pfanne bei mittlerer Temperatur erhitzen. Sobald es geschmolzen ist, die Hummerstücke darin sanft erhitzen. Die Suppe in kleine Schüsseln verteilen und mit dem heißen Hummerfleisch und etwas Crème double garnieren.

\ \ \ TIPP / / /

In Deutschland gibt es nur eine erlaubte Tötungsmethode für lebende Krustentiere: Und zwar mit dem Kopf voran in sprudelnd kochendes Wasser tauchen. Auf diese Weise stirbt der Hummer augenblicklich. Zuvor können Sie das Tier mit einem kräftigen Schlag auf den Kopf betäuben.

SCHICKE KLASSIKER

\\\ TIPP ///

Wenn Sie keine glatte Suppe möchten, die Suppe nicht pürieren und entweder klein geschnittenes Weißkraut und gekochte Kidney-Bohnen in den letzten Minuten des Garprozesses zusammen mit dem Knoblauch hinzufügen. Oder Sie lassen den Essig weg und geben stattdessen 4 Esslöffel Sauerkraut zu. Mit zerkrümeltem Feta oder mildem Ziegenkäse bestreuen, dafür den Schmand weglassen.

BORSCHTSCH

PORTIONEN: 4
VORBEREITUNGSZEIT: 15 MINUTEN · GARZEIT: 30 MINUTEN
WF · GF · V (mit Gemüsebrühe)

- 1 Stich **Butter**
- 1 TL **Pflanzenöl**
- 350 g **Rote Bete**, geschält und gehackt
- 1 kleine **Zwiebel**, fein gehackt
- 1 kleine Stange **Lauch**, nur der weiße Teil, fein gehackt
- 1 Stange **Staudensellerie**, fein gehackt
- 150 g **Kartoffeln**, geschält und gewürfelt
- 1 l heiße **Rinder-** oder **Gemüsebrühe**
- 1 Prise **Piment**
- 1 **Lorbeerblatt**
- 1 **Knoblauchzehe**, zerdrückt, oder mehr, wenn Sie Knoblauch mögen
- ½ EL **Apfelessig**
- ½ EL **Zitronensaft**
- frisch gemahlener schwarzer **Pfeffer**

ZUM SERVIEREN:
Schmand
frischer Dill

Borschtsch wird oft als Suppe mit Einlage serviert, wir lieben ihn jedoch glatt und erdig, mit einem Hauch Schmand, der durch die Süße der Roten Bete dringt. Es ist eine dieser Suppen, für die es Hunderte unterschiedliche Rezepte gibt — Rote-Bete-Suppen macht man in ganz Nord- und Osteuropa bis hinein nach Russland, also tun Sie sich keinen Zwang an und experimentieren Sie. Ihre Holzlöffel überstehen die Zubereitung dieser leuchtend roten Suppe womöglich nicht unbeschadet. Tragen Sie Handschuhe, damit Ihre Hände sich nicht rosa färben.

Butter und Öl bei niedriger Temperatur in einem großen Topf schmelzen lassen. Rote Bete, Zwiebeln, Lauch und Sellerie hinzufügen und ca. 10 Minuten unter Rühren anschwitzen. Die Kartoffeln zugeben, die heiße Brühe angießen und Piment, Lorbeer und etwas schwarzen Pfeffer hinzufügen. Zum Köcheln bringen, dann 15–20 Minuten simmern lassen, bis das gesamte Gemüse weich ist. In den letzten 5 Minuten der Garzeit den zerdrückten Knoblauch zugeben.

Den Topf von der Herdplatte nehmen, das Lorbeerblatt herausfischen und Essig sowie Zitronensaft einrühren. Abschmecken.

Die Suppe glatt pürieren. Mit einem Esslöffel Schmand und frischem Dill garnieren.

BOUILLABAISSE

PORTIONEN: 4 (Abbildung umseitig)
VORBEREITUNGSZEIT: 45 MINUTEN · GARZEIT: 35 MINUTEN

FÜR DIE ROUILLE:
- 1–2 **Knoblauchzehen**, zu einer Paste zerdrückt
- 2 **rote Paprikaschoten**, geröstet (siehe Methode auf Seite 34, oder aus dem Glas und abgetropft) oder 4 EL **Paprikapaste**
- 1 Scheibe **leicht altbackenes Weißbrot**, die Rinde entfernt, in Stücke gezupft
- 3 EL **kaltes Wasser**
- 1 Prise **Safranfäden**
- 1 **Eigelb**
- ¼ TL **Cayenne-Pfeffer** (optional)
- 175 ml **mildes Olivenöl**
- 1 TL **Zitronensaft**, nach Belieben
- **Salz** und **frisch gemahlener schwarzer Pfeffer**

FÜR DIE BOUILLABAISSE:
- 3 EL **Olivenöl**
- 1 Stange **Lauch**, fein gehackt
- 1 **Zwiebel**, fein gehackt
- 1 **Fenchelknolle**, in feine Scheiben geschnitten, das Grün gehackt und aufbewahrt
- 6 **Knoblauchzehen**, zerdrückt
- 200 g **gehackte Tomaten** aus der Dose, abgetropft

Wenn dieser Suppeneintopf in Marseille von französischen Fischern zubereitet wird, werden der gekochte Fisch und die Kartoffeln vor dem Servieren aus der Brühe genommen, und zwar in der Reihenfolge, in der sie gegart wurden. Dann wird die Suppe als Vorspeise gereicht und der gekochte Fisch als zweiter Gang. Wir schummeln und machen es – ein Sakrileg! – in der umgekehrten Reihenfolge, was wesentlich einfacher und trotzdem köstlich ist, aber eine leichtere Brühe zur Folge hat.

Drachenkopf – wenn Sie ihn denn auftreiben können – ist, zusammen mit Knurrhahn (grondin) und Meeraal, Teil des Originalrezeptes, obwohl sogar Fischer zugeben, dass sie das verwenden, was sie eben gerade fangen.

Für die Rouille: Alle Zutaten außer Öl und Zitronensaft in einem Mixer oder der Küchenmaschine glatt pürieren. Das Öl in stetigem Fluss hinzufügen, damit es emulgiert und eine glatte, dicke Sauce entsteht. Den Zitronensaft zugeben und mit Salz, Pfeffer und Cayenne-Pfeffer abschmecken.

Für die Suppe: Das Öl im größten Topf mit Deckel, den Sie haben, bei mittlerer Temperatur erhitzen. Lauch, Zwiebeln und Fenchel hineingeben und 10 Minuten sanft anschwitzen, dann den Knoblauch und die abgetropften Tomaten hinzufügen und unter Rühren einige Minuten köcheln lassen. Abschließend Kräuter und Kartoffeln untermischen.

Kräftig abschmecken und erneut umrühren. Die Fischstücke auf dem Gemüse verteilen. Den Safran zur Brühe geben, dann diese Mischung zusammen mit dem Pastis über Fisch und Gemüse gießen. Nicht umrühren. Die Temperatur erhöhen und rasch zum Kochen bringen. Sobald der Fisch gar ist, mit einer Zange aus dem Topf nehmen und zur Seite stellen; keine Sorge, wenn kleine Stücke im Topf zurückbleiben – sie zerfallen und verleihen der Suppe Geschmack und Konsistenz.

FORTSETZUNG BOUILLABAISSE:

6 Stängel **frische Petersilie**
1 **Lorbeerblatt**
3 Zweige **frischer Thymian**
300 g (ca. 3 mittelgroße) **festkochende Kartoffeln**, geschält und in 0,5 cm breite Scheiben geschnitten
600 g **festes Fischfilet**, in Stücke geschnitten: jegliche Mischung aus **Seehecht, Brasse, Steinbutt, Meeräsche, Knurrhahn, Kabeljau, Barsch, Seeteufel** und idealerweise **Drachenkopf**, aber Sie können im Grunde jeden nachhaltig gefangenen Fisch verwenden, den Sie auftreiben können
1 großzügige Prise **Safranfäden**
800 ml hochwertiger heißer **frischer Fisch-** oder **Schalentierfond** (nicht aus Würfeln oder Pulver, siehe Seite 216); oder **Hühnerbrühe** (siehe Seite 214), wenn Sie keinen frischen Fischfond bekommen
175 ml **Pastis** (**Pernod** oder ein anderer **Anislikör**)
600 g **gemischte Schalentiere** und **Meeresfrüchte**, jede Mischung aus **kleinen Krabben, Miesmuscheln, Venusmuscheln, rohen Garnelen mit Schale**
Salz und **frisch gemahlener schwarzer Pfeffer**
12 große **Knoblauchcroûtons**, aus Baguette, zum Servieren (siehe Seite 196)

Die Brühe weitere 5 Minuten sprudelnd kochen lassen (so verbinden sich Fett und Gelatine aus den Fischen besser mit der Brühe), dann die Hitze reduzieren und köcheln lassen, bis die Kartoffeln fast durch sind. Abschmecken.

Wenn kleine Krabben mit in die Suppe kommen, dann jetzt zugeben. 10 Minuten bei geschlossenem Deckel sieden lassen, dann die restlichen Meeresfrüchte und die gegarten Fischstücke zugeben und wieder bei geschlossenem Deckel 3 Minuten köcheln lassen.

Miesmuscheln oder Venusmuscheln, die sich während des Kochens nicht geöffnet haben, entfernen. Die Garnelen sollten durch und durch rosa sein.

Die Suppe lässt sich auf zweierlei Art und Weise servieren: Entweder einige knusprige Knoblauchcroûtons auf dem Boden von 4 Suppenschüsseln platzieren. Dann jeweils einen Löffel der Rouille darauf verteilen und die Suppe hineinschöpfen, Fisch und Meeresfrüchte darauf anrichten. So können Brot und Rouille mit der Suppe verschmelzen.

Alternativ 2 Croûtons pro Person mit Rouille bestreichen und diese auf der Suppe anrichten. Mit dem aufbewahrten Fenchelgrün garnieren. Die übrige Rouille und die Croûtons zur Suppe reichen. Eine Schüssel für die Schalenreste und reichlich Servietten nicht vergessen.

TIPP

Abgesehen von sehr geschmacksintensiven fetten Fischen wie Makrele eignen sich die meisten Fische für Bouillabaisse, auch Tintenfisch – Sie müssen nur die Kochzeit der verwendeten Fisch- bzw. Meeresfrüchteart anpassen: Rohe, geputzte Tintenfischringe brauchen nur 1 Minute in der Brühe, während fleischigere Fische wie Seeteufel 4–5 Minuten benötigen.

SCHICKE KLASSIKER

LOHIKEITTO

PORTIONEN: 2

VORBEREITUNGSZEIT: 10 MINUTEN • GARZEIT: 20 MINUTEN

WF • GF (ohne Roggenbrot)

2 Stich **Butter**
1 **Zwiebel**, fein gewürfelt
300 g (ca. 3 mittelgroße) **festkochende Kartoffeln**, geschält und in kleine Stücke geschnitten
600 ml **frischer Fischfond** (siehe Seite 216) oder heiße **Hühner-** oder **Gemüsebrühe**
1 **Lorbeerblatt**
1 winzige Prise **Piment**
300 g **Lachsfilet** aus nachhaltigem Fischfang, enthäutet und in 3 cm große Würfel geschnitten
2 EL **frischer Dill**, fein gehackt
4 EL **Crème double**
Salz und **frisch gemahlener schwarzer Pfeffer**
gebuttertes Roggenbrot, zum Servieren (siehe Seite 206)

Diese finnische Suppe aus Lachs, Dill, Piment und Kartoffeln ist weit mehr als die Summe ihrer Einzelteile – sie ist voller Aromen, und es verwundert nicht, dass sie im lachsreichen Finnland so beliebt ist. Wählen Sie Lachs aus nachhaltigem Fischfang und wenn möglich frischen Fischfond. Wenn das nicht möglich ist, weichen Sie lieber auf Hühner- oder Gemüsebrühe in Würfelform aus, anstatt einen Fischfondbrühwürfel zu verwenden.

Ein Stich Butter in einem Topf mit Deckel bei niedriger Temperatur erhitzen. Sobald sie zu schäumen beginnt, die Zwiebeln und eine Prise Salz zugeben und unter Rühren sanft anschwitzen, bis die Zwiebeln glasig sind. Nicht braun werden lassen. Kartoffeln, Brühe, etwas schwarzen Pfeffer, das Lorbeerblatt und eine winzige Prise Piment hinzufügen – Piment hat einen recht intensiven Geschmack, also sparsam sein, bei Bedarf kann später immer noch nachgewürzt werden. Zum Köcheln bringen und bei geschlossenem Deckel ca. 15 Minuten simmern lassen, bis die Kartoffeln weich sind. Das Lorbeerblatt entfernen.

Den Lachs und die Hälfte des Dills hinzufügen und köcheln lassen, bis der Lachs gerade durch ist. Den Topf von der Herdplatte nehmen und die Crème double und das zweite Stück Butter unterrühren.

Garniert mit dem restlichen Dill servieren und gebuttertes Roggenbrot dazu reichen.

TIPP

Der Lachsbestand in den Meeren nimmt immer stärker ab. Wählen Sie daher Flusslachs oder Fisch aus nachhaltigem Fischfang.

SÜSSE SUPPEN

EISGEKÜHLTE KIRSCHSUPPE

PORTIONEN: 4–6 als Vorspeise oder Dessert
VORBEREITUNGSZEIT: 5 MINUTEN • ZEIT ZUM KÜHLEN: 1 STUNDE • GARZEIT: 20 MINUTEN
WF · GF · V

350 g **saure** oder **süße Kirschen** (die Kerne können für Extra-Geschmack drinnen bleiben), frisch oder tiefgefroren
500 ml **kochendes Wasser**
½ **Zimtstange**
2 **Gewürznelken**
2 **Zitronenzesten** (à 5 cm)
50 g **brauner Zucker**
300 ml **Schmand**
2–6 TL **Zitronensaft**, nach Belieben

Die ungarische Version dieser Suppe – Meggyleves – ist die bekannteste, in ganz Osteuropa werden jedoch ähnliche Kirschsuppen als Vorspeise serviert. In Frankreich reicht man sie mit Eiscreme zum Dessert. Traditionell wird sie mit Schattenmorellen zubereitet, die mit dem Kern gekocht werden. Wenn Sie Sauerkirschen nehmen, brauchen Sie womöglich ein wenig mehr Zucker.

Kirschen, Wasser, Zimt, Gewürznelken, Zitronenschale und Zucker in einen großen Topf mit Deckel geben. Bei geschlossenem Deckel zum Köcheln bringen, dann 10 Minuten simmern lassen, wenn frische Kirschen verwendet werden; 15 Minuten, wenn sie tiefgefroren sind.

Den Topf von der Herdplatte nehmen. Den Schmand in eine Schüssel geben und einen Schöpflöffel heiße Suppe zugeben. Verquirlen, um alles gut zu vermischen und den Schmand zu temperieren. Dann einen weiteren Löffel zugeben und ebenso vorgehen. Auf diese Weise wird verhindert, dass der Schmand gerinnt. Die Mischung in den Topf gießen und mit dem Rest der Suppe verrühren.

Bei sehr geringer Hitze weitere 5 Minuten köcheln, nicht aufkochen lassen. Nach und nach den Zitronensaft zugeben, dabei ganz nach Belieben vorgehen – die Suppe sollte sowohl süß als auch säuerlich sein. Letztlich hängt es von den Kirschen ab, wie viel Zitronensaft nötig ist.

Von der Herdplatte nehmen und abkühlen lassen. Sobald die Suppe abgekühlt ist, für 1 Stunde in den Kühlschrank stellen.

Zum Servieren Zimtstange, Gewürznelken, Zitronenschale und Kirschkerne entfernen (wenn Kirschen mit Kern verwendet wurden).

TIPP
Milchprodukte mit niedrigem Fettanteil eignen sich nicht besonders gut, da sie weniger stabil sind, wenn sie erhitzt werden und bereits bei geringer Temperatur im Topf gerinnen können.

ERDBEER-GURKEN-DUETT

PORTIONEN: 4 als Vorspeise oder Dessert
VORBEREITUNGSZEIT: 5 MINUTEN · ZEIT ZUM KÜHLEN: 1 STUNDE
WF · GF · MF · V · Ve

350 g **Erdbeeren**, entstielt, plus 1 Erdbeere, in feine Scheiben geschnitten, zum Garnieren
250 g **Gurken**, geschält und entkernt, plus 8 dünne Scheiben zum Garnieren
frisch gepresster **Limettensaft**, nach Belieben
Ahornsirup oder **Feinstzucker**, nach Belieben
feines Salz, nach Belieben

Diese Suppe verspricht sommerliche Frische. Die intensiven Aromen von Erdbeeren und Gurken holen das Beste aus der jeweils anderen heraus.

Erdbeeren und Gurken grob hacken und in einem Standmixer zu einem glatten Püree verarbeiten.

Die Menge der übrigen Zutaten hängt davon ab, wie süß und reif die Erdbeeren sind. Zunächst probieren, dann die restlichen Zutaten nach und nach zugeben, jeweils nur eine Prise oder einen Spritzer – Zucker oder Ahornsirup sind vielleicht gar nicht notwendig.

Vor dem Servieren für 1 Stunde im Kühlschrank kühlen. Erneut abschmecken, da die Aromen in der kalten Suppe ein wenig schwächer werden. In kleinen Schüsseln, garniert mit Gurken- und Erdbeerscheiben, als Vorspeise, Zwischengang oder leichtes Dessert servieren.

\ \ \ TIPP / / /

Ein Klecks Schmand, Crème fraîche, Joghurt oder sogar Vanilleeiscreme passt hervorragend, wenn Sie die Suppe als Dessert servieren. Für eine aromatischere Version geben Sie Minze oder Basilikum mit in den Mixer.

SÜSSE SUPPEN

SCHOKOLADENSUPPE MIT SÜSS-SALZIGEN BRIOCHE-CROÛTONS

PORTIONEN: 4
VORBEREITUNGSZEIT: 5 MINUTEN · GARZEIT: 10 MINUTEN
V

Rebecca liebt diese Suppe in beinahe schon absurdem Ausmaß. Sie ist unheimlich reichhaltig, servieren Sie sie daher nur in kleinen Portionen. Außerdem ist sie ganz flott gemacht und wird am besten warm serviert, also vorzugsweise in letzter Minute zubereiten. PS: Auch John liebt sie.

FÜR DIE BRIOCHE-CROÛTONS:
- 50 g **Brioche**, die Rinde entfernt, in 1 cm große Würfel geschnitten
- 1 Prise **Meersalzflocken**

FÜR DIE SCHOKOLADENSUPPE:
- 200 g **Crème double**
- 1 ½ EL **Milch**
- 150 g **hochwertige dunkle Schokolade** mit mindestens 70 % Kakaoanteil, in Stücke gebrochen
- 2 EL **starker schwarzer Kaffee**
- 1 EL **Grand Marnier** (optional)

Den Ofen auf 180 °C vorheizen. Die Briochewürfel im Salz wälzen, dann auf einem Backblech ausbreiten und für 10 Minuten in den Ofen schieben, bis sie knusprig und goldbraun sind. Herausnehmen und warm stellen.

Für die Suppe die Sahne in einen Topf geben und bis knapp unter den Siedepunkt erhitzen. Von der Herdplatte nehmen, Milch und Schokolade zugeben und rühren, bis diese geschmolzen und die Suppe seidig-glatt ist. Kaffee und Grand Marnier (wenn verwendet) hinzufügen. In 4 sehr kleine Schüsseln, Gläser (dann sollte die Suppe eher warm als heiß sein), Auflaufförmchen oder Tassen verteilen und mit den warmen Brioche-Croûtons garnieren. Sofort servieren.

TIPP

Mit einer Kugel Fruchtsorbet ist diese Melonenspeise das perfekte Sommerdessert.

EISGEKÜHLTE MELONE

PORTIONEN: 4 als Zwischengang oder Dessert
VORBEREITUNGSZEIT: 5 MINUTEN · ZEIT ZUM KÜHLEN: 1 STUNDE
WF · GF · MF · V · Ve

- 1 sehr reife **Cantaloupe-Melone**, geschält, entkernt und in Stücke geschnitten
- 2 EL **Apfelsaft** oder **Wasser**, oder mehr für die gewünschte Konsistenz
- 1 kleine Prise **Salz**
- **frisches Basilikum**, in dünne Streifen geschnitten, zum Servieren

Für diese fruchtige Suppe müssen die Melonen wirklich reif sein – da sie eisgekühlt ist, braucht man das Maximum an natürlicher Süße.

Die Melone in einem Standmixer glatt pürieren. Sollte das Fruchtpüree recht dick sein, ein paar Esslöffel Apfelsaft oder Wasser zugeben, aber nicht zu viel, da dies auf Kosten des Aromas geht. Eine Prise Salz hinzufügen und für mindestens 1 Stunde in den Kühlschrank stellen.

In kleinen Schüsseln oder Gläsern mit dem Basilikum garniert servieren.

SUPPE AUS OFENPFIRSICHEN MIT KARDAMOM

PORTIONEN: 4 als Vorspeise, Zwischengang oder Dessert
VORBEREITUNGSZEIT: 10 MINUTEN · GARZEIT: 15 MINUTEN · ZEIT ZUM KÜHLEN: 2 STUNDEN
WF · GF · MF · V

- 6 **Pfirsiche**, entkernt, in Stücke geschnitten
- ½ TL **gemahlener Kardamom**, oder die Samen aus 8 **Kapseln**, zu einem Pulver vermahlen
- 2 EL **flüssiger Honig**
- 2 EL **brauner Zucker**
- 100–250 ml **kaltes Wasser**
- 1 TL **Limettensaft**
- **Salz**
- **frische Minzblätter**, zum Garnieren

Wir stellen uns gerne vor, dass wir diese Suppe an einem kleinen Tisch inmitten eines orientalischen Rosengartens genießen. In der Zwischenzeit genießen wir sie in Peckham. Das Rösten im Ofen mit Kardamom entlockt den Pfirsichen ein intensives Aroma und verleiht ihnen eine interessante Würze.

Den Ofen auf 220 °C vorheizen. Ein Backblech mit Alufolie auslegen und Pfirsiche, Kardamom, Honig und Zucker darauf vermischen. Ausbreiten und im heißen Ofen 15 Minuten backen, gegen Hälfte der Garzeit wenden.

Leicht abkühlen lassen, aber nicht so sehr, dass Honig und Zucker an der Alufolie festkleben.

In einen Standmixer geben und 100 ml kaltes Wasser zugeben. Glatt pürieren, dann allmählich mehr Wasser hinzufügen, bis eine suppige, jedoch nicht zu flüssige Konsistenz entstanden ist.

Den Limettensaft und eine Prise Salz dazugeben, gut verrühren und abschmecken. Bei Bedarf nachsalzen oder mehr Zitrone nehmen.

Garniert mit den Minzblättern servieren.

TIPP

Die Suppe mit Eiscreme, Joghurt oder Schmand servieren. Anstatt das Pfirsichpüree mit Wasser zu einer Suppe zu verdünnen, probieren Sie es mal in einem Bellini-Cocktail – einfach einen Löffel davon in ein Glas Schampus geben.

SÜSSE SUPPEN

KNUSPRIGE TOPPINGS & GRANDIOSE GARNITUREN

KNOBLAUCH-JOGHURT

PORTIONEN: 4–6 als Topping
VORBEREITUNGSZEIT: 5 MINUTEN
WF · GF · V

250 g griechischer Joghurt
1 Knoblauchzehe, 3 Minuten in kochendem Wasser blanchiert, dann zu einer Paste zerdrückt
Salz

Eine unglaublich einfache Joghurtvariante, die köstlich zu indischen und orientalischen Suppen ist.

Joghurt, Knoblauch und eine Prise Salz sorgfältig verrühren. Bei Bedarf nachsalzen. Ist die Sauce zu dick für Ihre Zwecke, mit etwas kaltem Wasser verdünnen, dabei löffelweise vorgehen.

TIPP

Für einen reichhaltigeren Geschmack etwas natives Olivenöl extra zu dem Joghurt hinzufügen. Ein Spritzer Zitronensaft sorgt für mehr Frische. Je nachdem womit Sie den Knoblauchjoghurt servieren, passen auch etwas fein gehackter Dill, Minze oder Petersilie, Paprikapulver oder schwarzer Pfeffer dazu.

RAITA

PORTIONEN: 4–6 als Topping oder Dip
VORBEREITUNGSZEIT: 5 MINUTEN · GARZEIT: 2 MINUTEN
WF · GF · V

150 g **Gurke** (ca. 8 cm)
200 g **griechischer Joghurt**
2 EL **frische Korianderblätter**, grob gehackt
Blätter von 1 Zweig **frische Minze**, fein gehackt
1 TL **Kreuzkümmelsamen**
Salz und **frisch gemahlener schwarzer Pfeffer**

Raita ist eine kühlende Joghurtsauce oder ein Dip und schmeckt herrlich zu würzigen indischen Gerichten oder Suppen auf Basis von Linsen wie zum Beispiel Dal (siehe Seite 70 und 98), aber auch als Sauce zu gegrilltem Hühnchen oder roten Fleisch.

Es gibt Dutzende verschiedene Varianten – probieren Sie dieses Rezept oder nehmen Sie es als Grundlage für die Entdeckung weiterer Aromen. Wenn Sie einige Knoblauchzehen – mit etwas Salz zu einer Paste zerdrückt – sowie frischen Dill zugeben und dafür Kreuzkümmel und Koriander weglassen, haben Sie stattdessen griechisches Zaziki oder türkisches Cacik.

Die Gurke halbieren und die Kerne rauskratzen, dann fein würfeln oder grob reiben. Zusammen mit Joghurt, Korianderblättern, Minze und eine Prise Salz und Pfeffer in eine Schüssel geben. Verrühren und abschmecken.

Die Kreuzkümmelsamen ca. 1 Minute in einer heißen Pfanne rösten, bis sie zu duften beginnen. Von der Herdplatte nehmen und im Mörser grob zermahlen. Zusammen mit etwas Pfeffer über das Raita streuen und servieren.

> **TIPP**
>
> Als Garnitur ist auch jede Kombination aus Zwiebelringen, grünen Chilis, gewürfelten Tomaten, geriebenen Karotten oder Ingwer toll.

KNUSPRIGE TOPPINGS & GRANDIOSE GARNITUREN

TAHINA MIT MINZE

PORTIONEN: 4 als Topping
VORBEREITUNGSZEIT: 5 MINUTEN
WF · GF · MF · V · Ve

Tahina ist eine Paste aus gerösteten Sesamkörnern und einer der Hauptbestandteile von Hummus. Verwenden Sie es als Topping für orientalische Suppen, für die Suppe aus gerösteten Paprikaschoten von Seite 34 oder als nussiges, knoblauchlastiges Salatdressing. Dieses Rezept ist Johns Freund Ovid, dem König des Hummus, gewidmet.

2 EL **Tahina**
1 kleine **Knoblauchzehe**, zu einer Paste zerdrückt (für einen milderen Geschmack vor dem Zerdrücken 3 Minuten in kochendem Wasser blanchieren)
2 EL **Minzblätter**, fein gehackt
1 TL **Zitronensaft**
1 Prise **Salz**
2–3 EL **kaltes Wasser**

Alle Zutaten mit Ausnahme des Wassers verrühren, dann nach und nach die Sauce mit Wasser verdünnen. Wenn nötig einen Schneebesen verwenden, da Tahina sehr dick sein kann und die Sauce schön glatt werden sollte. Mit Salz, Minze und Zitronensaft abschmecken.

HARISSA

ERGIBT 1 kleines Glas • VORBEREITUNGSZEIT: 30 MINUTEN
ZEIT ZUM EINWEICHEN: 20 MINUTEN • GARZEIT: 15 MINUTEN
WF • GF • MF • V • Ve

Wenn Sie diese nordafrikanische Chilipaste einmal zubereitet haben, werden Sie immer ein Glas davon im Kühlschrank vorrätig haben wollen. Mischen Sie es unter Suppen, in Joghurt, essen Sie es zu Käsegerichten und und und

- 4 **frische rote Chilischoten**
- 1 TL **Kümmelsamen**
- 1 TL **Koriandersamen**
- 1 TL **Kreuzkümmelsamen**
- 2 **Knoblauchzehen**, zerdrückt (für einen milderen Geschmack vor dem Zerdrücken 3 Minuten in kochendem Wasser blanchieren)
- 1 große **mittelscharfe getrocknete Chilischote** (**Ancho** oder **Chipotle** eignen sich gut), aufgeschnitten und 20 Minuten in frisch aufgekochtem Wasser eingeweicht
- ½ TL **Sherry-Essig**
- abgeriebene Schale von 1 **unbehandelten Zitrone**
- 4 EL **natives Olivenöl extra**
- **Salz**

Die Grillfunktion des Ofens auf höchster Stufe vorheizen, die frischen Chilis halbieren und mit der Hautseite nach oben grillen, bis sie schwarz sind. In eine Plastiktüte füllen, ausdampfen und abkühlen lassen.

Kümmel, Koriander und Kreuzkümmel in einer trockenen Pfanne bei mittlerer Hitze rösten, bis sie zu duften beginnen. Von der Herdplatte nehmen und in einem Mörser zu feinem Pulver vermahlen, dann den zerdrückten Knoblauch dazugeben.

Mit Handschuhen die verkohlten frischen Chilischoten von der schwarzen Haut befreien, Samen und Stiele entsorgen und das Fruchtfleisch in den Mörser geben. Auch von den eingeweichten Chilis Samen, Häute und Stiele entfernen, in kleine Stücke schneiden, dann ebenfalls in den Mörser geben. Alles zu einer Paste zerreiben, dann Essig, Zitronenschale, Öl und 1 Prise Salz zugeben und verrühren.

Sofort verwenden oder im Kühlschrank in einem sterilisierten Schraubglas, bedeckt mit einer Schicht Öl, aufbewahren. So hält es sich bis zu 2 Wochen.

AÏOLI

PORTIONEN: 4–6 als Topping
VORBEREITUNGSZEIT: 15 MINUTEN
WF · GF · MF · V

2 **sehr frische Eigelb**, auf Zimmertemperatur
1 Prise **englisches Senfpulver**
1–2 **Knoblauchzehen**, zu einer Paste zerdrückt (für einen milderen Geschmack vor dem Zerdrücken 3 Minuten in kochendem Wasser blanchieren)
125 ml **Olivenöl**
125 ml **geschmacksneutrales Öl** (**Sonnenblumenöl**, **Erdnussöl** oder ein anderes **Pflanzenöl**)
1 EL frisch gepresster **Zitronensaft**
feines Salz

Diese Sauce soll ein intensives Knoblaucharoma aufweisen, aber zu viel davon macht sie ungenießbar. Nehmen Sie ein sehr leichtes Olivenöl, da die Sauce ansonsten bitter schmecken kann. Aïoli passt auch gut zu mediterranem Fisch oder Gemüsesuppe.

Das Eigelb zusammen mit dem Senfpulver und einer Prise Salz in eine Schüssel geben. Unter Rühren nach und nach den Knoblauch hinzufügen und alles zu einer glatten Sauce verquirlen.

Die beiden Öle vermischen, dann einen Teelöffel davon zum Eigelb geben. Mit dem Schneebesen gut verrühren, dann erneut einen Teelöffel Öl zugeben, verrühren und auf diese Weise fortfahren, bis eine Emulsion entstanden ist – das heißt, dass Eigelb und Öl eine glatte Verbindung eingehen und dicker und cremiger werden. Wenn etwa die Hälfte des Öls in die Aïoli eingearbeitet ist, mit größeren Mengen fortfahren und einige Teelöffel gleichzeitig unterrühren.

Wenn das gesamte Öl aufgebraucht ist, sollte eine glatte gelbe Sauce mit der Konsistenz von Mayonnaise entstanden sein. Einen Teelöffel Zitronensaft hinzufügen, dann mit Salz, Zitrone und eventuell etwas Knoblauch abschmecken.

TIPP

Geben Sie frische gehackte Kräuter zur Aïoli, die zu der Suppe passen, zu der Sie sie servieren: Estragon oder Petersilie zu Hühnchen, Basilikum zu mediterranen Gerichten.

SÜSSE CHILISAUCE

ERGIBT 1 Glas
VORBEREITUNGSZEIT: 5 MINUTEN
GARZEIT: 8 MINUTEN · **WF·GF·MF·V·Ve**

Der Thai-Klassiker zum Dippen lässt sich auch zu Hause rasch und einfach herstellen. Lassen Sie die Chilisamen weg, wenn Sie eine mildere Sauce bevorzugen. Servieren Sie sie zur Tom Yam (Yam Yam) von Seite 22 oder zur Tom Kha Gai von Seite 81. Oder Sie verfeinern damit Congee (siehe Seite 102).

2 EL **Maisstärke**
4 EL **Wasser**
2 **Knoblauchzehen**
2 **mittelscharfe rote Chilischoten**
125 g **Zucker**
50 ml **Weißweinessig**
1 TL **feines Salz**

TIPP
Für Chiliöl mit Knoblaucharoma geben Sie 4–5 leicht angedrückte Knoblauchzehen mit in die heiße Pfanne.

Die Maisstärke mit 2 Esslöffel Wasser verrühren, dann zur Seite stellen. Die übrigen Zutaten mit dem Rest des Wassers in einem Standmixer glatt pürieren.

In einen kleinen Topf, der nicht aus Aluminium, Kupfer oder Gusseisen besteht (und mit der Sauce reagieren würde), gießen und bei mittlerer Temperatur erhitzen. Zum Kochen bringen und 3–4 Minuten köcheln lassen (jedoch nicht überkochen lassen), dann die Stärkemischung zugeben und weitere 3 Minuten simmern lassen, damit die Sauce leicht eindickt. Von der Herdplatte nehmen.

Sobald die Sauce abgekühlt ist, kann sie verwendet werden. Zum Aufbewahren noch heiß in ein sterilisiertes Schraubglas oder eine Flasche mit 250 ml Fassungsvermögen füllen. Im Kühlschrank hält sie sich auf diese Weise länger als einen Monat.

CHILIÖL

ERGIBT 1 Liter
VORBEREITUNGSZEIT: 10 MINUTEN
GARZEIT: 2 MINUTEN
ZEIT ZUM ZIEHEN: 2 WOCHEN · **WF · GF · MF · V · Ve**

....

Dieses Öl verleiht nahezu jeder Gemüse- oder Fleischsuppe eine pikante, wärmende Note. Heben Sie ein bisschen davon für die nächste Pizza auf.

....

1 l **natives Olivenöl extra**
10 **schwarze Pfefferkörner**
Zesten von 1 **Zitrone**
5 **Lorbeerblätter**, am besten frisch
8–10 **lange rote Chilischoten**, in unterschiedlichen Größen (kleinere Chilis sind für gewöhnlich schärfer)
1 EL frisch gepresster **Zitronensaft**
1 großzügige Prise **Meersalzflocken**

Ein hitzebeständiges Schraubglas oder eine Flasche mit Verschluss mit einem Fassungsvermögen von 1 Liter sterilisieren.

Eine kleine Menge Öl in einem großen Topf bei mittlerer Temperatur erhitzen. Pfefferkörner, Zitronenschale und Lorbeerblätter hinzufügen, die Chilischoten leicht andrücken, dabei aber ganz lassen, und ebenfalls in den Topf geben. 1–2 Minuten ziehen lassen, dann den Rest des Öls, zusammen mit dem Zitronensaft und dem Salz, zugeben. Vermischen und das Öl erwärmen, bis es heiß, jedoch weit entfernt von Aufkochen ist.

Von der Herdplatte nehmen. Noch heiß vorsichtig in das vorbereitete Gefäß füllen und vakuumdicht verschließen. Einige Wochen an einem kühlen und dunklen Ort stehen lassen und alle paar Tage schütteln. Je länger es steht, desto intensiver wird sein Aroma. Das Öl hält sich einige Monate.

GUACAMOLE

PORTIONEN: 4 als Topping oder Dip
VORBEREITUNGSZEIT: 5 MINUTEN
WF · GF · MF · V · Ve

- 1 sehr reife **Avocado**, geschält und entkernt
- Saft von ½ **Limette**
- 5 **Kirschtomaten**, entkernt und fein gehackt
- 1 EL **frische rote Chilischoten**, entkernt und fein gehackt, oder nach Belieben
- 1 kleine **Schalotte**, sehr fein gewürfelt
- 2 EL **Korianderblätter**, fein gehackt
- 1 Prise **Salz**

Obwohl Guacamole oft nur als Dip gilt, eignet sie sich auch toll als Topping und verleiht von der südamerikanischen Küche inspirierten Suppen, wie der Brexican auf Seite 53 oder der Pozole auf Seite 58, einen cremigen, würzigen Kick.

Alle Zutaten in einer Schüssel vermischen, die Avocado dabei zerdrücken. Mit Limettensaft, Chilis und Salz abschmecken. Wird die Guacamole nicht sofort serviert, mit Frischhaltefolie abdecken, damit sie nicht braun wird.

GREMOLATA

PORTIONEN: 4 als Topping
VORBEREITUNGSZEIT: 5 MINUTEN
WF · GF · MF · V · Ve

- 1 großzügige Handvoll **frische glatte Petersilie**, nur die Blätter
- abgeriebene Schale von 1 **unbehandelten Zitrone**
- 1 **Knoblauchzehe**, für 3 Minuten in kochendem Wasser blanchiert

Gremolata ist ein Topping aus Petersilie, Zitronenschale und Knoblauch, das traditionell bei Ossobuco, einem italienischen Schmorgericht mit Kalb, zum Einsatz kommt. Es ist die perfekte Verfeinerung für fleischige Suppen, wie die Lamm- und Perlgraupensuppe von Seite 85, oder Suppen mit Würstchen (siehe Seiten 57 und 74). Sie verleiht jedoch auch süßlichen Gemüsesuppen, wie der Suppe aus gerösteten Paprikaschoten von Seite 34, einen Hauch Frische.

Die Petersilie waschen und sorgfältig trocknen – wenn sie nass ist, bilden sich Klümpchen. Die Blätter so fein wie möglich hacken – so lange Sie können und dann noch ein bisschen mehr.

Die Zitronenschale hinzufügen. Dann den blanchierten Knoblauch ganz fein hineinreiben. Gut vermischen.

Gremolata sollte noch am Tag ihrer Zubereitung verwendet werden.

TIPP

Probieren Sie mal eine Kombination mit Koriander und Limette oder mit Estragon und Zitrone.

KNUSPRIGE TOPPINGS & GRANDIOSE GARNITUREN

SALSA VERDE

PORTIONEN: 4 als Topping oder Sauce
VORBEREITUNGSZEIT: 10 MINUTEN
WF · GF · MF

- 1 kleines Bund **frische Petersilie**, nur die Blätter
- 1 kleines Bund **frisches Basilikum**, nur die Blätter
- 4 **Sardellenfilets**, in Öl, abgetropft
- 1 **Knoblauchzehe**, zu einer Paste zerdrückt (für einen milderen Geschmack vor dem Zerdrücken 3 Minuten in kochendem Wasser blanchieren)
- 1 gehäufter EL **eingelegte Kapern**, abgetropft, abgespült und fein gehackt
- ¼ TL **Dijon-Senf**
- 1 **Schalotte**, sehr fein gewürfelt
- 1 TL **Sherry-Essig** oder **Rotweinessig**
- 5 EL **natives Olivenöl extra**

Salsa verde befand sich vom ersten Tag an auf unserer Speisekarte in der Carnaby Street, und in seiner Kolumne versprach John jedem Leser der Metro-Zeitung, der ihm auf Twitter schreiben würde, ein kostenloses Glas davon. Viele folgten dem Ruf und sieben von uns waren drei Tage lang damit beschäftigt, die Nachfrage zu decken.

Dies ist ein ziemlich traditionelles Rezept, eine intensive Sauce aus Petersilie, Knoblauch, Kapern und Sardellenfilets, die oft zu gegrilltem Fleisch serviert wird, aber auch fabelhaft zu toskanischer Suppe mit Würstchen (siehe Seite 74) oder zu Pancotto (siehe Seite 82) schmeckt. Probieren Sie auch einmal eine Variante mit Bärlauch, Schnittlauch oder Estragon. Fertigt man sie von Hand im Mörser an, erhält man eine angenehm stückige Konsistenz, Sie können natürlich auch alles in die Küchenmaschine werfen.

Kräuter und Sardellenfilets in einem Mörser zu einer Paste zerreiben. Den Knoblauch hinzufügen und weitermahlen, dann Kapern, Senf, Schalotten, Essig und Olivenöl unterrühren.

Sofort servieren oder einige Tage in einem sterilisierten Schraubglas, bedeckt mit einer dünnen Schicht Öl, im Kühlschrank aufbewahren.

ZHOUG

PORTIONEN: 4 als Topping
VORBEREITUNGSZEIT: 5 MINUTEN
WF · GF · MF · V · Ve

- 3 EL **frische Korianderblätter**, grob gehackt
- 1 EL **frische Petersilienblätter**, grob gehackt
- 2 **Knoblauchzehen**, 3 Minuten in kochendem Wasser blanchiert
- ¾ TL **gemahlener Kreuzkümmel**
- 3 EL **natives Olivenöl extra**
- 2 mittelgroße **frische grüne Chilischoten**, entkernt
- 1 großzügige Prise **Zucker**
- 3 **Kardamomkapseln**, die Hüllen entfernt, die Samen gemahlen
- 1 sehr kleine Prise **Nelkenpulver**
- ½ TL **Zitronensaft**
- 1 TL **Wasser**
- 1 Prise **Chilipulver** (optional)
- **Salz** und **frisch gemahlener schwarzer Pfeffer**

Zhoug ist eine grüne Chilisauce aus dem Jemen, die köstlich zu orientalischen Suppen oder Eintöpfen und Currys auf Basis von Linsen schmeckt. Auch zu Eiern oder unter griechischen Joghurt gerührt ist sie eine großartige Bereicherung.

Alle Zutaten mit Ausnahme von Wasser, Salz, schwarzem Pfeffer und Chilipulver zu einem groben Püree zerkleinern. Es muss eine gießbare Konsistenz entstehen, also bei Bedarf ein wenig Wasser zugeben. Mit Salz und Pfeffer abschmecken. Zhoug sollte scharf, aromatisch und nach Knoblauch schmecken. Sollten die grünen Chilis nicht sehr scharf sein (ein häufiges Problem bei Chilischoten aus dem Supermarkt), das Chilipulver hinzufügen.

Sofort servieren oder einige Tage mit einer dünnen Schicht Öl bedeckt in einem sterilisierten Schraubglas im Kühlschrank aufbewahren.

CREMIGER FETA

PORTIONEN: 4–6 als Topping
VORBEREITUNGSZEIT: 5 MINUTEN
WF · GF · V

---

100 g **Feta**, in kleine Stücke zerkrümelt
100 g **griechischer Joghurt**

Verwenden Sie dieses leichte und cremige Topping für Tomatensuppen, süße Paprikasuppen oder Suppen auf Linsenbasis.

Die Zutaten in der Küchenmaschine oder im Standmixer pürieren.

Sofort verwenden oder abgedeckt bis zu 48 Stunden im Kühlschrank aufbewahren.

> **TIPP**
> Verwenden Sie cremigen Feta in Suppen oder als Belag für Crostini, mit Oregano und Tomaten oder Gewürzsumach.

LABNEH

PORTIONEN: 4 als Topping oder Dip
VORBEREITUNGSZEIT: 5 MINUTEN
ZEIT ZUM ABTROPFEN: ÜBER NACHT · **WF · GF · V**

200 g **griechischer Joghurt** (Vollfett)
Salz

Labneh ist ein cremiger Käse aus dem Nahen Osten, der aus Joghurt hergestellt wird. Er lässt sich unglaublich schnell und einfach zubereiten und ist äußerst vielseitig verwendbar – Sie können ihn als Garnitur auf der Suppe, als Brotaufstrich oder als Dip einsetzen. Er eignet sich auch gut anstelle von Joghurt oder Feta in einer Suppe.

Servieren Sie Labneh garniert mit einem Spritzer gutem Olivenöl, frischen Thymianblättchen, der Gewürzmischung Za'atar, Dukkah (siehe Seite 190), Chiliflakes oder etwas Harissa (siehe Seite 173).

Ein Sieb mit einem sauberen Mull- oder Käsetuch auslegen (oder notfalls mit Küchenpapier). Das Sieb über einer Schüssel platzieren. Eine Prise Salz unter den Joghurt rühren, dann in das ausgelegte Sieb füllen.

Im Kühlschrank 8 Stunden oder über Nacht abtropfen lassen. Der fertige Labneh ist aufgrund des Flüssigkeitsverlustes sehr fest. Die Menge an Labneh hängt davon ab, wie fest der Joghurt zu Beginn war – er kann bis zu einem Viertel an Gewicht verlieren.

Labneh hält sich im Kühlschrank 3–4 Tage.

PESTO

PORTIONEN: 4–6 als Topping oder als Sauce zu Pasta
VORBEREITUNGSZEIT: 5 MINUTEN
WF · GF

50 g **Pinienkerne**
50 g **Basilikumblätter**
1 **Knoblauchzehe**, 3 Minuten in kochendem Wasser blanchiert
30 g frisch geriebener **Parmesan**
150 ml **natives Olivenöl extra**
¼ TL **Zitronensaft** (optional)
Salz

TIPP

Experimentieren Sie mit den verschiedenen Arten von Pesto: Koriander und Pistazien oder Dill, Petersilie und Mandeln, Cashewnüsse statt Pinienkerne, ergänzt um Schnittlauch, Zitronenschale und Walnüsse.

Johns Frau Katie probierte das erste Mal in ihrem Leben Pesto, als sie per Interrail in Italien unterwegs war. „Was ist das für ein Gras, das sie mir da auf die Spaghetti getan haben?", fragte sie sich. Heute ist Pesto das Vanilleeis unter ihren Pastasaucen. Zu Suppe ist es jedoch genauso gut.

Ein Klecks Pesto bringt viele Suppen zum Strahlen, besonders gut ist es jedoch zu dem knackig grünen Gemüse in der Frühlingsminestrone (siehe Seite 112) oder zu all den italienischen Suppen, die wir hier aufgenommen haben.

Die Pinienkerne in einer heißen Pfanne einige Minuten sanft rösten. Das Basilikum im Mörser zu einer Paste zermahlen, dann Knoblauch, Pinienkerne und Parmesan hinzufügen und zerreiben. Als Nächstes Öl und eine kleine Prise Salz zugeben. Vermischen und abschmecken. Ein wenig Zitronensaft macht das Aroma frischer, eventuell jetzt hinzufügen.

Pesto hält sich etwa eine Woche im Kühlschrank, wenn es in einem sterilisierten Schraubglas, bedeckt mit einer Schicht Olivenöl, aufbewahrt wird. Wenn Sie Pesto in einem Gericht verwenden, fügen Sie es erst hinzu, wenn die Speise nicht mehr kocht oder auf der Herdplatte steht, da Kochen das Aroma des Pestos zerstört.

GERÖSTETE NÜSSE

PORTIONEN: 4 als Topping
VORBEREITUNGSZEIT: 2 MINUTEN · GARZEIT: 7 MINUTEN
WF · GF · MF · V · Ve

100 g gemischte ungeröstete, ungesalzene Nüsse, bei Bedarf in Stücke gehackt

Nüsse verleihen selbst der einfachsten Suppe Geschmack, Biss und eine Menge gesunder Inhaltsstoffe. Sie können Nüsse im Ofen oder in der Pfanne rösten – Rebecca bevorzugt die Pfanne, da sie dann stets im Blick hat, ob sie anbrennen.

Für die Zubereitung im Ofen diesen auf 180 °C vorheizen. Die Nüsse auf einem Backblech verteilen und abhängig von ihrer Größe 5–7 Minuten rösten, bis sie goldbraun sind. Alternativ eine Pfanne bei niedriger Temperatur erhitzen. Sobald sie heiß ist, die Nüsse hineingeben und unter gelegentlichem Schütteln 2–4 Minuten rösten, bis sie goldbraun sind.

Wenn Sie die Nüsse mit Gewürzen überziehen wollen, können Sie entweder Wasser, Wasser und verquirltes Eiweiß oder Wasser und geschmolzene Butter verwenden, damit die Gewürze an den Nüssen haften bleiben. Jeweils ein paar Esslöffel davon mit den gewünschten Gewürzen (Paprikapulver, Zucker, Salz, Kreuzkümmel, Za'atar, Chilis etc.) vermischen und die Nüsse gründlich in der Mischung wenden, bevor sie im Ofen geröstet werden.

ROMESCO-SAUCE

PORTIONEN: 4 als Topping oder Dip
VORBEREITUNGSZEIT: 5 MINUTEN · GARZEIT: 8 MINUTEN
MF · V · Ve

2 **rote Paprikaschoten**
5 EL **natives Olivenöl extra**, plus einen Spritzer zum Braten
50 g **Kirschtomaten**, entkernt
2 **Knoblauchzehen**, zerdrückt
1 Scheibe **Weißbrot vom Vortag**, die Rinde entfernt
50 **gemahlene Mandeln**
½ EL **Sherry-Essig** oder **Rotweinessig**
½ TL **edelsüßes geräuchertes Paprikapulver**
Salz

Diese würzige, rauchige Pfeffersauce passt herrlich zu Suppen wie jener mit Blumenkohl und Kichererbsen (siehe Seite 94) oder der mit gerösteten Parikaschoten (siehe Seite 34), sie schmeckt aber auch köstlich zu Ofenzwiebeln oder gegrilltem Fisch.

Die Grillfunktion des Ofens auf höchster Stufe vorheizen, die Paprikas halbieren und mit der Hautseite nach oben grillen, bis diese schwarze Blasen aufweist. Alternativ die roten Paprikaschoten über der offenen Flamme des Gasherdes unter Wenden rösten, bis sie ebenso aussehen.

Die Paprikaschoten in einen Plastikbeutel füllen, ausdampfen und abkühlen lassen.

In der Zwischenzeit einen Spritzer Öl in einem kleinen Topf bei mittlerer Temperatur erhitzen und die Tomaten und den Knoblauch darin 2 Minuten anschwitzen, dann von der Herdplatte nehmen.

Das Brot in kleine Stückchen zupfen und in einer heißen Pfanne bei mittlerer Hitze 3–4 Minuten anrösten, bis es beginnt, trocken zu werden. Die gemahlenen Mandeln zugeben und unter ständigem Rühren ein paar Minuten mitrösten. Den Topf von der Herdplatte nehmen.

Tomaten und Knoblauch zu der Brotmischung geben. Restliches Öl, Essig, Paprikapulver und eine Prise Salz zugeben.

Die Paprikaschoten sind jetzt ausreichend abgekühlt, um sie weiterverwenden zu können. Die schwarze Haut abreiben, dann die Stiele, Samen und Zwischenhäute entfernen (nicht abspülen, denn damit geht auch der Geschmack verloren). In mundgerechte Stücke schneiden und zu der Brotmischung geben. Alles glatt pürieren und abschmecken. Romesco-Sauce sollte süß, sauer, salzig und intensiv schmecken. Bei Bedarf ein wenig mehr Salz und Essig hinzufügen.

Im Kühlschrank hält sich die Sauce in einem sterilisierten Schraubglas, bedeckt mit einer Schicht Öl, bis zu einer Woche.

TIPP

Geben Sie eine Handvoll enthäutete Haselnüsse mit den gemahlenen Mandeln in die Pfanne. Eine scharfe Version dieser Sauce entsteht durch die Zugabe einiger eingeweichter getrockneter Chilischoten oder von Chilipulver.

DUKKAH

PORTIONEN: 4–6 als Topping
VORBEREITUNGSZEIT: 5 MINUTEN • GARZEIT: 10 MINUTEN
WF · GF · MF · V · Ve

50 g **ungesalzene Pistazien**
75 g **blanchierte Haselnüsse**
25 g **blanchierte Mandeln**
1 TL **Fenchelsamen**
1 TL **Kreuzkümmelsamen**
10 **schwarze Pfefferkörner**
2 TL **Koriandersamen**
2 EL **Sesamkörner**
½ TL **edelsüßes Paprikapulver**
½ TL **Gewürzsumach**
1 winzige Prise **feines Salz**

Dukkah ist eine ägyptische Gewürz-Nuss-Mischung und wird als Würzmittel sowie Garnierung verwendet. Nicht nur zu Suppen wie dem schwarzen Dal (siehe Seite 70), der Ofenkürbissuppe (siehe Seite 89) oder der roten Linsensuppe mit Spinat, Joghurt, Granatapfelkernen und knusprigen Zwiebeln (siehe Seite 77) macht es sich toll, Sie können damit auch Salate, Ofengemüse oder pochierte Eier verfeinern. Es eignet sich außerdem für Dips oder als Kruste für überbackenen Fisch.

Den Ofen auf 220 °C vorheizen. Die Nüsse auf einem Backblech verteilen und 5–6 Minuten im Ofen goldbraun rösten.

Die Samen, Pfefferkörner und Sesamkörner in einer Pfanne bei niedriger Temperatur 3–4 Minuten rösten, bis sie zu duften beginnen.

Nüsse sowie Gewürze abkühlen lassen, dann zusammen mit Paprikapulver, Gewürzsumach und der winzigen Prise Salz in die Schüssel einer Küchenmaschine geben. Zur gewünschten Konsistenz zerkleinern – Dukkah kann sehr fein und sandig oder recht krümelig sein. Mit Salz abschmecken. In einem verschlossenen Gefäß hält es sich einige Wochen lang.

GEPUFFTE SAMEN

PORTIONEN: 4 als Topping
VORBEREITUNGSZEIT: 5 MINUTEN
WF · GF · MF · V · Ve

40 g **Kürbiskerne**
1–2 EL **gemischte Sesamkörner** und **Leinsamen**

Geröstete Kürbiskerne sind nicht nur eine süchtig machende und zugleich gesunde knusprige Verfeinerung für Suppen, besonders südamerikanische wie die Brexican auf Seite 53, die eisgekühlte Avocadosuppe auf Seite 121 oder die Super-Suppe auf Seite 25, nein, sie sind auch köstlich in Salaten oder als kleiner Snack vor dem Abendessen.

Eine Pfanne bei mittlerer Temperatur erhitzen. Die Samen 2–3 Minuten darin rösten, bis sie zu puffen beginnen. Die Kürbiskerne leicht bräunen lassen, das verleiht ihnen einen nussigen Geschmack, dann von der Herdplatte nehmen, damit sie nicht anbrennen. Gewürze (siehe Tipp) hinzufügen, während die Kerne und Samen noch glühend heiß sind.

\\\ TIPP ///

Je nachdem für welche Suppe sie verwendet werden sollen, können die Samen, während sie noch heiß sind, mit den folgenden Gewürzen aufgepeppt werden: eine Prise Meersalzflocken plus eine Prise gemahlener Kreuzkümmel, Chilipulver, geräuchertes Paprikapulver, gemahlener Koriander oder Cayenne-Pfeffer.

KNUSPRIGE TOPPINGS & GRANDIOSE GARNITUREN

KNUSPRIGE WÜRFEL AUS CHORIZO, SPECK ODER PANCETTA

PORTIONEN: 4 als Topping
VORBEREITUNGSZEIT: 5 MINUTEN • GARZEIT: 10 MINUTEN
WF · **GF** (je nach Chorizo) · **MF**

geschmacksneutrales Öl
200 g **Chorizo**, **Speck** oder **Pancetta**, in Würfel oder kleine Stückchen geschnitten

Es gibt kaum eine Suppe, die nicht von einer Handvoll heißer, knuspriger, salziger Fleischstückchen als Garnitur profitieren würde.

Ein Schuss Öl in einer Pfanne stark erhitzen – das Fleisch wird ebenfalls Fett abgeben, daher ist nicht viel Öl nötig. Sobald es heiß ist, Wurst- oder Speckstückchen dazugeben. Unter Rühren ca. 10 Minuten anbraten, bis die Stückchen knusprig sind. Gut im Auge behalten, es ist ein schmaler Grat zwischen köstlich-knusprig und völlig verkohlt.

Von der Herdplatte nehmen und mit einem Schaumlöffel aus der Pfanne heben, das Öl nicht abschöpfen.

Noch heiß in die Suppe streuen.

KNUSPRIGE ZWIEBELN

PORTIONEN: 4 als Topping
VORBEREITUNGSZEIT: 5 MINUTEN • GARZEIT: 30–35 MINUTEN
WF · GF · MF · V · Ve

3 EL **geschmacksneutrales Öl**
2 **Zwiebeln**, in feine Halbringe geschnitten
Salz

Hierbei dürfen Sie nichts übereilen. Bei zu großer Hitze verbrennen die Zwiebeln, werden sie jedoch lange und langsam angeschwitzt, dann karamellisieren sie und werden schön knusprig. Als Topping für Linsensuppen, Kürbissuppen oder Suppen aus Wurzelgemüse verwenden.

Das Öl bei geringstmöglicher Temperatur in einer großen Pfanne erhitzen. Die Zwiebeln zugeben und unter gelegentlichem Rühren bis zu 35 Minuten sehr langsam anschwitzen, bis sie ein tiefes Goldbraun aufweisen, nussig, süß und wirklich knusprig sind.

Herausheben und auf Küchenkrepp abtropfen lassen. Vor dem Verwenden mit einer Prise Salz bestreuen.

KNUSPRIGE TOPPINGS & GRANDIOSE GARNITUREN

EINGELEGTER INGWER

ERGIBT 1 Glas
VORBEREITUNGSZEIT: 5 MINUTEN · ZEIT ZUM EINSALZEN: 30 MINUTEN · GARZEIT: 5 MINUTEN
WF · GF · MF · V · Ve

100–150 g **frischer Ingwer**, geschält
2 ½ EL **Feinstzucker**
100 ml **Reisessig** oder **Weißweinessig**
200 ml **Wasser**
feines **Salz**

Süßsauer eingelegter Ingwer – Gari – wird entweder mit rosa Shisoblättern oder rosa Lebensmittelfarbe hergestellt, wodurch er seine typische Farbe erhält. Wenn Sie keinen jungen und weichen Ingwer auftreiben können, müssen Sie den Ingwer vor dem Verwenden 30 Minuten einsalzen, damit er ein wenig von seiner Schärfe verliert.

Den Ingwer so fein wie möglich schneiden, idealerweise mit der schmalsten Einstellung einer Mandoline – er sollte so dünn sein, dass er beinahe durchscheinend ist. In eine Schüssel geben und mit einer Prise Salz bestreuen. 30 Minuten stehen lassen.

Zucker, Essig, Wasser und ein Teelöffel Salz in einem kleinen Topf zum Kochen bringen, dabei gut rühren, damit Salz und Zucker sich auflösen. Den Ingwer zugeben und einige Minuten köcheln lassen.

Von der Herdplatte nehmen, den Ingwer mit einem Schaumlöffel aus der Flüssigkeit heben und in ein sterilisiertes Schraubglas geben. Die Flüssigkeit aus dem Topf darübergießen. 15 Minuten später kann der eingelegte Ingwer verwendet werden. Im Kühlschrank hält er sich einen Monat oder länger.

TIPP
Servieren Sie den Ingwer mit der Miso- und Tofusuppe von Seite 42 oder mit den Soba-Nudeln von Seite 126.

CROÛTONS

PORTIONEN: 4
VORBEREITUNGSZEIT: 5 MINUTEN · GARZEIT: 15 MINUTEN
MF · V · Ve (mit Öl)

400 g **leicht altbackenes Brot**
75 g **geschmolzene Butter** oder **Olivenöl**

Verschiedene Brotsorten bringen verschiedene Arten von Croûtons hervor: Sauerteigcroûtons sind besonders knusprig und aromatisch, während Croûtons aus Weißbrot in der Suppe schmelzen (Vollkorncroûtons finden wir jedoch ein bisschen bieder …). Es bleibt Ihnen überlassen, welche Form Sie bevorzugen – zu traditionellen französischen Suppen passen dünne, schräg geschnittene Baguettescheiben, während die klassische Tomatensuppe am besten mit grob geschnittenen quadratischen Croûtons aussieht.

TIPP

Sind die Croûtons für eine frische mediterrane Suppe, dann nehmen Sie Olivenöl. Butter eignet sich am besten für cremige Suppen. Wenn Sie die Brotscheiben vor dem Backen mit einer halbierten Knoblauchzehe einreiben, erhalten sie Croûtons, die subtil nach Knoblauch schmecken.

Den Ofen auf 180 °C vorheizen.

Das Brot in dünne Scheiben schneiden und die Rinde entfernen. Baguette hingegen in dünne, schräge Scheiben schneiden. Jede Scheibe beidseitig mit geschmolzener Butter oder Öl bestreichen. Die Baguettescheiben auf ein Backblech legen, das Brot in akkurate Würfel oder grobe Stücke schneiden und auf einem Backblech verteilen.

Im Ofen 5–10 Minuten knusprig und goldbraun backen, dabei einmal wenden. Aus dem Ofen nehmen und warm halten. In Suppe gestreut servieren.

KNUSPRIGE PARMESAN-TOASTS

PORTIONEN: 4–6 als Beilage
VORBEREITUNGSZEIT: 5 MINUTEN
GARZEIT: 10 MINUTEN

½ **Sauerteigbaguette**
1 **Knoblauchzehe**, halbiert, zum Einreiben (optional)
geschmolzene Butter oder **Olivenöl**, zum Bestreichen
ca. 1 gehäufter TL frisch geriebener **Parmesan** für jede Baguettescheibe

Im Grunde genommen die schicke Version von knusprigem Käse auf Toast.

Den Ofen auf 200 °C vorheizen. Das Baguette schräg in 1 cm dicke Scheiben schneiden. Jede Scheibe mit der Schnittfläche einer halbierten Knoblauchzehe einreiben (wenn gewünscht). Mit geschmolzener Butter oder Olivenöl leicht bestreichen. Auf ein Backblech legen, dann jede Scheibe mit dem geriebenen Parmesan bestreuen. Im Ofen 10 Minuten backen, bis das Brot knusprig und goldbraun ist. Warm servieren.

PANGRATTATO

PORTIONEN: 4 als Topping
VORBEREITUNGSZEIT: 5 MINUTEN
GARZEIT: 8 MINUTEN · **MF · V · Ve**

Dieses Mittelding zwischen Semmelbröseln und Croûtons, zu dem sich noch Olivenöl, Knoblauch und Kräuter gesellen, eignet sich hervorragend als Topping, wenn es darum geht, einer Suppe etwas Konsistenz zu verleihen (ist aber auch ein tolles faules Abendessen, wenn man es mit ein wenig mehr Olivenöl über gekochte Spaghetti streut).

150 g **leicht altbackenes Brot**, die Rinde entfernt, zu Brotkrümeln verarbeitet
1 **Knoblauchzehe**, zerdrückt
abgeriebene Schale von ½ **unbehandelten Zitrone**
2 EL **Olivenöl**
2 EL **frische Petersilie**, sehr fein gehackt
Meersalzflocken und **frisch gemahlener schwarzer Pfeffer**

Den Ofen auf 200 °C vorheizen. Brotkrümel, zerdrückten Knoblauch, Zitronenschale und eine Prise Pfeffer vermischen, dabei sichergehen, dass der Knoblauch nicht an einer Stelle zusammenklumpt. Das Olivenöl zugeben und erneut durchmischen.

Die Brotkrümel auf einem Backblech verteilen und in den Ofen schieben. 5–8 Minuten rösten, bis die Krümel goldbraun sind und duften, nach der Hälfte der Zeit wenden.

Aus dem Ofen nehmen und leicht abkühlen lassen, bei Bedarf noch eine Prise Salz hinzufügen, dann die gehackte Petersilie unterrühren. Sofort verwenden oder in einem Schraubglas 1–2 Tage aufbewahren. Vor dem Verwenden nochmals im Ofen aufbacken. (Wird das Pangrattato im Vorhinein zubereitet, die Petersilie erst vor dem Servieren zugeben.)

KNUSPRIGE KÄSESTÜCKCHEN

PORTIONEN: 4 als Topping
VORBEREITUNGSZEIT: 5 MINUTEN
GARZEIT: 10 MINUTEN · **WF · GF · V**

Diese krümeligen kleinen Käsenuggets haben ein besorgniserregendes Suchtpotenzial. Probieren Sie sie zu der winterlichen Tomatensuppe von Seite 78 oder in jeder anderen Art von Gemüsesuppe, wie der mit Zucchini und Kräutern (siehe Seite 38) oder der mit Sellerie und knusprigem Salbei (siehe Seite 69).

100 g **Halloumi**
geschmacksneutrales Öl, zum Einfetten

Den Ofen auf 200 °C vorheizen. Den Halloumi in 5 mm große Stücke schneiden. Sie müssen nicht gleichmäßig sein, aber klein.

Etwas Küchenkrepp in ein wenig geschmacksneutrales Öl tauchen und ein Antihaft-Backblech oder noch besser eine Backmatte aus Silikon einölen. Die Käsestückchen darauf verteilen und 10 Minuten im heißen Ofen backen – sie sind fertig, wenn nahezu alle goldbraun und knusprig sind. Aus dem Ofen nehmen und mit einem Spatel vom Blech schieben. Sofort verwenden, solange sie noch heiß sind.

\\\ TIPP ///

Pangrattato lässt sich einfach variieren – etwa mit fein gehackten Sardellenfilets, frischen Chilischoten, gehackten Nüssen, wie Mandeln, Walnüsse oder Pinienkerne, oder anderen Kräutern, wie Rosmarin, Thymian oder Basilikum. Sie könnten es sogar mit den knusprigen Käsestückchen mischen.

BEILAGEN

SCHNELLES SODA-BROT

ERGIBT 1 Laib
VORBEREITUNGSZEIT: 15 MINUTEN • GARZEIT: 40 MINUTEN
V

100 g **Vollkornmehl**
350 g **Mehl**, plus ein wenig extra zum Bestäuben
1 TL **feines Salz**
1 TL **Natron**
300 ml **Buttermilch** oder **Naturjoghurt**
4 EL **Milch**, nach Bedarf
1 Handvoll **kernige Haferflocken** (optional)

Dieses Brot ist superschnell zubereitet, da es nicht aufgehen muss; ein zuverlässiger Notfallplan für jene Tage, an denen man urplötzlich bemerkt, dass der Brotkorb leer ist.

Den Ofen auf 220 °C vorheizen.

Beide Mehlsorten, Salz und Natron in einer großen Schüssel miteinander vermischen. Eine Mulde in der Mitte machen, die Buttermilch hineingießen und mit den trockenen Zutaten zu einem weichen, aber nicht klebrigen Teig verkneten. Je nachdem wie dünnflüssig die Buttermilch ist, etwas oder alles von der Milch zugeben.

Den weichen Teig zu einer halbwegs ordentlichen Kugel formen. Ein Backblech mit Mehl bestäuben und den Teig darauflegen. Etwas flachdrücken, sodass ein Laib von ca. 25 cm Durchmesser entsteht. Nach Belieben mit Haferflocken und etwas Mehl bestreuen, dann mit einem Messer ein nicht zu tiefes Kreuz auf der Oberfläche des Brotes einschneiden.

Das Brot in den Ofen schieben und 40 Minuten backen. Wenn es fertig ist, ist die Kruste nussig-golden und der Laib klingt beim Klopfen auf die Unterseite hohl. Aus dem Ofen nehmen und vor dem Anschneiden abkühlen lassen – das Brot schmeckt warm, bestrichen mit Butter, herrlich, aber wenn es noch heiß angeschnitten wird, entweicht die Feuchtigkeit als Dampf und es wird schneller trocken.

TIPP
Für eine dunklere Karamellnote mischen Sie einen Esslöffel Zuckerrübensirup in die Buttermilch, bevor diese mit dem Mehl vermengt wird.

KNUSPRIGE WEISSE BRÖTCHEN

FÜR 6–8 Brötchen

VORBEREITUNGSZEIT: 20 MINUTEN • ZEIT ZUM AUFGEHEN: 1 ½ STUNDEN • GARZEIT: 20 MINUTEN

MF (mit Olivenöl) • **V** • **Ve** (mit Zucker)

- 1 EL **Trockenhefe**
- 300 ml **lauwarmes Wasser**
- 1 TL **Honig** oder **Zucker** (egal welcher)
- 1 EL **Olivenöl** oder **geschmolzene Butter**
- 1 ½ TL **feines Salz**
- 500 g **backstarkes Weißmehl** (oder **Vollkornmehl** für knusprige Vollkornbrötchen), plus ein wenig extra zum Bestäuben

Backen, aufbrechen, buttern, eintunken.

Hefe, lauwarmes Wasser und Honig oder Zucker verrühren. 10 Minuten stehen lassen, um die Hefe zu aktivieren; die Flüssigkeit wird an der Oberfläche leicht zu schäumen beginnen. Öl oder Butter untermischen.

In einer großen Schüssel die Hefemischung, Salz und Mehl zunächst mit einem Löffel, dann mit den Händen zu einem groben Teig vermengen. Eine saubere Arbeitsfläche mit Mehl bestäuben und den Teig darauf ca. 8 Minuten kneten (oder einen Mixer mit Knethaken dafür verwenden, dann jedoch nur 5 Minuten kneten).

Den Teig in eine eingeölte Schüssel legen und mit einem sauberen feuchten Geschirrtuch abdecken. An einem warmen Platz etwa 1 Stunde gehen lassen, bis sich das Volumen verdoppelt hat.

Sobald der Teig aufgegangen ist, ein großes oder zwei kleine Backbleche mit Backpapier auslegen und mit Mehl bestäuben. Den Teig mit Schwung auf die Arbeitsfläche knallen, dann in 6 große oder 8 kleinere Brötchen teilen. Zu Kugeln formen und auf das vorbereitete Backblech setzen.

Das feuchte Geschirrtuch über die Teiglinge legen und diese 30 Minuten gehen lassen. Den Ofen auf 240 °C vorheizen und eine Backform auf den Boden des Ofens stellen. Den Wasserkocher anstellen.

Sobald die Brötchen bereit zum Backen sind, sehr vorsichtig 2 cm kochendes Wasser in die nun sehr heiße Backform füllen, was den Ofen mit Dampf füllt. Die Teiglinge rasch abdecken und das Backblech in den heißen Ofen schieben.

15–20 Minuten backen, bis die Brötchen eine goldgelbe Kruste aufweisen und beim Klopfen auf die Unterseite hohl klingen. Auf einem Rost abkühlen lassen, damit die Unterseite nicht matschig wird. Die Brötchen können warm oder kalt serviert werden.

ROGGENBROT

ERGIBT 1 Laib

VORBEREITUNGSZEIT: 20 MINUTEN · ZEIT ZUM AUFGEHEN: 4–6 STUNDEN · GARZEIT: 35 MINUTEN

MF · V · Ve

400 ml **lauwarmes Wasser**
1 EL **Trockenhefe**
2 EL **Melasse** oder **Zuckerrübensirup**
400 g **Roggenmehl**
100 g **backstarkes Vollkornmehl**
1 TL **feines Salz**
Mehl, zum Bestäuben und Kneten

John: Während ich das hier schreibe, ist Saskia, unsere Wortspielspezialistin, bei uns zum Abendessen. Sie wollte, dass ich eine zum Brot passende Suppe mit dem Titel Roggen Moore kreiere, aber ich meinte, das wäre ja wohl dumm wie Brot.
Dunkles, herzhaftes Roggenbrot passt besonders gut zu Fischsuppen wie Lohikeitto (siehe Seite 154) und Chowder mit geräuchertem Schellfisch (siehe Seite 15). Es lässt sich ausgezeichnet rösten und schmeckt herrlich mit Butter oder Frischkäse oder mit beidem. Das Brot muss sehr lange gehen, kann aber in dieser Zeit völlig ignoriert werden – die tatsächliche Zubereitungszeit ist also sehr kurz.

Das Wasser in einen Messbecher gießen und Hefe sowie Melasse oder Rübensirup unterrühren. 10 Minuten stehen lassen, um die Hefe zu aktivieren. Die Mischung wird an der Oberfläche leicht schaumig.

In einer großen Rührschüssel Roggenmehl und Vollkornmehl vermischen. Zunächst das Salz, dann die Hefemischung einrühren. Zuerst mit einem Löffel, dann mit den Händen zu einem groben Teig vermengen.

Die Arbeitsfläche mit Mehl bestäuben und auch die Hände bemehlen. Den Teig aus der Schüssel nehmen und einige Minuten kneten. (Es ist nicht nötig, besonders viel zu kneten, da dieses Brot nicht so viel Gluten enthält wie reine Weizenmehlbrote.) Sobald der Teig glatt ist – er ist dann immer noch ein wenig klebrig –, zu einer ordentlichen Kugel formen. Den Teig einmal fest auf die Arbeitsfläche schlagen, damit er an einer Seite schön glatt ist. Einen Gärkorb (wenn vorhanden) mit Mehl bestäuben und das Brot mit der schönen Seite nach unten hineinlegen. Ist kein Korb vorhanden, ein Backblech mit Backpapier auslegen und den Teig mit der schönen Seite nach oben darauf platzieren (so entsteht ein breiteres, flacheres Brot, was jedoch keinen Unterschied macht).

Den Gärkorb mit einem sauberen, leicht feuchten Geschirrtuch, das Backblech alternativ mit einer großen umgedrehten Schüssel bedecken, die genug Platz lässt, damit das

\\\ TIPP ///

Fügen Sie 50 g gemischte Kerne zum Teig – zum Beispiel Sonnenblumenkerne und Kürbiskerne oder 1 EL Kümmel- oder Fenchelsamen oder auch gehackte Nüsse. Wenn Sie 100 ml Wasser durch die gleiche Menge Buttermilch ersetzen, wird das Brot würziger.

Brot darunter aufgehen kann, ohne die Schüssel zu berühren und daran kleben zu bleiben. Bei Zimmertemperatur 4–6 Stunden gehen lassen – die Dauer hängt davon ab, wie warm der Raum ist.

Wie Weizenbrote wird auch dieser Teig sein Volumen etwa verdoppeln, es dauert jedoch wesentlich länger.

Sobald das Brot bereit zum Backen ist, den Ofen auf 240 °C vorheizen. Wasser im Wasserkocher aufkochen und eine Backform auf den Boden des Ofens stellen.

Den aufgegangenen Teig abdecken und auf das mit Backpapier bedeckte Backblech stürzen, wenn ein Gärkorb verwendet wurde. Mit einem Messer die Oberfläche einschneiden, entweder kreuzförmig oder quadratisch, und mit ein wenig Mehl bestäuben.

Ehe das Brot in den Ofen kommt, kochendes Wasser in die sehr heiße Backform gießen, ca. 2 cm hoch, damit sich der Ofen mit Dampf füllt. Das Brot rasch in den Ofen schieben und in 30–35 Minuten fertig backen. Danach sollte es eine tiefbraune Oberfläche aufweisen und beim Klopfen an die Unterseite hohl klingen. Im Gegensatz zu den meisten Weizenmehlbroten geht es im Ofen nicht mehr sehr stark auf.

Vor dem Anschneiden auf einem Gitter auskühlen lassen, da sonst die Feuchtigkeit als heißer Dampf entweicht und das Brot schneller altbacken wird.

VIER-KÄSE-TOASTIES

PORTIONEN: 1
VORBEREITUNGSZEIT: 5 MINUTEN • GARZEIT: 5 MINUTEN
V

Butter, zum Bestreichen
2 Scheiben **gutes Brot**, etwas Robustes wie z. B. **Sauerteigbrot**
40 g **roter Leicester** und **kräftiger Cheddar** gemischt, gerieben
1 EL **Gruyère**, gerieben
20 g **Mozzarella**, zerzupft

Der Trick bei diesem Rezept ist, Brot von bester Qualität und wirklich würzigen Käse zu verwenden. Sie können natürlich billiges Brot oder weißes Kastenbrot nehmen, dann erinnert ihr Sandwich aber rasch an allererste Kochversuche in Studentenzeiten. Dieses Rezept kann als gegrilltes Käsesandwich oder Käsetoast serviert werden.

Für ein Käsesandwich: Jeweils eine Seite der beiden Brotscheiben mit Butter bestreichen. Die Käsesorten vermischen und auf einer der beiden Scheiben arrangieren, die Butterseite nach unten. Mit der anderen Brotscheibe belegen, hier soll die Butterseite nach oben zeigen.

Eine Pfanne bei mittlerer Temperatur erhitzen. Das Sandwich in die Pfanne gleiten lassen und mit einer zweiten Pfanne beschweren, damit das komplette untere Brot in Kontakt mit der heißen Pfanne kommt. Sobald die Unterseite nach 2–3 Minuten goldbraun ist, das Sandwich wenden und die Prozedur wiederholen.

Für Käse auf Toast: Die Butter weglassen. Die Grillfunktion des Ofens bei mittlerer Temperatur vorheizen. Die Brotscheiben zunächst kurz vortoasten, dann mit der Käsemischung bestreuen. Unter den Grill stellen und rösten, bis der Käse geschmolzen ist und Blasen wirft.

Sofort servieren. Wenn die Toasties nicht zu Suppe serviert werden, zusammen mit eingelegtem Dill-Gemüse oder süßsauer eingelegtem Gemüse anrichten.

\\\\TIPP////

Extrafüllung auf die Suppe abstimmen, zu der die Toasties serviert werden – dazu gehören gehackte Frühlingszwiebeln, gewürfelte Schalotten, gehacktes Kimchi, etwas darauf gestrichene Chilisauce, gebratene Chorizo oder Speck, eingelegte Chilischoten, gehackte Kapern oder Cayenne-Pfeffer.

FLADENBROT

ERGIBT 8 Stück

VORBEREITUNGSZEIT: 25 MINUTEN · ZEIT ZUM AUFGEHEN: 1 STUNDE · GARZEIT: 15 MINUTEN

V · (MF · Ve ohne Knoblauchbutter)

350 ml **lauwarmes Wasser**
1 EL **Trockenhefe**
1 EL **Zucker**
2 EL **Olivenöl**, plus ein wenig extra zum Garen
500 g **backstarkes Weizenmehl**
2 TL **Salz**

Für Fladenbrotvariationen: gemischte Samen:
2 EL gemischte Samen und Kerne (**Sesam**, **Wilder Schwarzkümmel**, **schwarze Zwiebelsamen**, **Fenchel**, **Kümmel**, **Sonnenblumenkerne** oder **Kürbiskerne**, geröstet)

Knoblauchbutter:
3 EL **geschmolzene Butter**, plus 1 **Knoblauchzehe**, zu einer Paste zerdrückt, und 3 EL **sehr fein gehackte frische Petersilie** (oder **Thymian**, **Rosmarin** oder **Estragon**)

Olivenöl und Za'atar:
3 EL **Olivenöl** gemischt mit 1 EL **Za'atar**-Gewürzmischung

Olivenöl und Paprikapulver:
3 EL **Olivenöl** gemischt mit 1 TL **scharfem** oder **edelsüßem Paprikapulver**, plus je eine Prise **frisch gemahlener schwarzer Pfeffer** und **Meersalzflocken**

Verwenden Sie diese einfachen Fladenbrote als Wraps, zum Dippen oder Auftunken der Sauce, oder stellen Sie eine der vorgeschlagenen Varianten mit Samen, Knoblauch oder Gewürzen her.

Wasser, Hefe, Zucker und Olivenöl in einem Messbecher mischen und 10 Minuten stehen lassen.

In einer großen Rührschüssel die Hefe-Wasser-Mischung mit dem Mehl und dem Salz vermengen und gut durchmischen. (Wenn Sie Samen verwenden, jetzt zugeben.) Der Teig wird in dieser Phase recht dick sein. Auf einer bemehlten Fläche beginnen, den Teig zu kneten, dabei die Hände bemehlen. (Wenn der Teig zu klebrig zum Kneten ist, noch 1–2 Esslöffel Mehl zugeben.) 10 Minuten kneten, dann sollte der Teig glatt und geschmeidig sein. Den Teig in eine eingeölte Schüssel legen, abdecken und etwa 1 Stunde an einem warmen Ort gehen lassen, bis er sein Volumen verdoppelt hat.

Sobald der Teig aufgegangen ist, mit den Händen wieder auf die ursprüngliche Größe zusammendrücken. In 8 gleich große Kugeln teilen. Eine saubere Arbeitsfläche und ein Nudelholz mit Mehl bestäuben und die Kugeln ca. 4 mm dick mit einem Durchmesser von ca. 20 cm ausrollen. Mit einer Gabel die Oberfläche der Fladen gleichmäßig anstechen, dabei nicht durch den Teig stechen. 10 Minuten zur Seite stellen.

Eine breite Pfanne bei mittlerer Temperatur erhitzen. Ein sauberes Geschirrtuch bereitlegen, in das die Fladen gewickelt werden. Ein wenig Olivenöl auf Küchenkrepp spritzen und die Pfanne damit ausreiben. Das erste Brot in die Pfanne legen und 2–3 Minuten backen, bis goldbraune Blasen und Stellen auf der Unterseite zu sehen sind. Wenden und weitere 2 Minuten backen, dabei sanft herunterdrücken, wenn das Brot sich wölbt. Sobald auch auf dieser Seite goldbraune Blasen entstanden sind, das Brot aus der Pfanne heben und in ein Geschirrtuch wickeln, wo es warm bleibt und ausdampfen kann, während die übrigen Fladenbrote zubereitet werden. Die Pfanne wieder mit dem öligen Küchenpapier ausreiben und mit den restlichen Broten ebenso verfahren.

Wenn Sie eine der Varianten mit Butter oder Öl machen möchten, die Brote kurz vor dem Servieren bestreichen, solange sie noch warm sind.

TIPP

Für rasche Fladenbrote die Hefe und die Gehzeiten weglassen. Stattdessen 2 TL Backpulver zum Mehl geben.

FOND & BRÜHE

HÜHNERBRÜHE

ERGIBT 750 ml–1,5 l, abhängig von der Topfgröße
VORBEREITUNGSZEIT: 15 MINUTEN • GARZEIT: 2 STUNDEN
WF · GF · MF

Betrachten Sie dieses Rezept als grundlegende Anleitung – es gib nur wenige fixe Regeln, wenn es um Hühnerbrühe geht. Wenn Sie also mehr oder weniger machen oder andere Kräuter verwenden wollen, damit die Brühe zu dem passt, was Sie geplant haben, dann tun Sie sich keinen Zwang an – wir geben zum Beispiel gerne noch Knoblauch, Rosmarin oder Thymian dazu. Die einzigen Gemüsesorten, die Sie vermeiden sollten sind mehlige, darunter Kartoffeln, Speiserüben und Steckrüben, weil sie die Brühe trüben, und alles, was die Flüssigkeit färben könnte, wie Rote Bete.

Für eine hellere, leichtere Brühe nehmen Sie ungekochte Hühnerknochen vom Metzger.

Knochen und **übrig gebliebenes Fleisch** von 1–2 **gekochten Hühnchen**, Fett und Haut entfernt
2 **Zwiebeln**, grob gehackt
2 **Karotten**, grob gehackt
2 Stangen **Staudensellerie**, grob gehackt
1 Stange **Lauch**, grob gehackt
4–5 Stängel **frische Petersilie**
10 **schwarze Pfefferkörner**
1 Prise **Salz**
1 **Lorbeerblatt**
1–2 l **kochendes Wasser**

Einen sehr großen Topf mit Deckel bei niedriger Temperatur aufsetzen. Die Hühnerknochen und das Fleisch, das noch daran hängt, und all die anderen Zutaten hineingeben. Abschließend mit frisch aufgekochtem Wasser bedecken (ca. 3 cm bis zum Topfrand frei lassen). Zum Kochen bringen, an der Oberfläche entstehenden Schaum abschöpfen, dann bei geschlossenem Deckel 1 ½ Stunden köcheln lassen. Für die letzten 30 Minuten der Kochzeit den Deckel abnehmen, um die Brühe etwas einzukochen.

Sobald die Brühe abgekühlt ist, bis zu 3 Tage im Kühlschrank aufbewahren oder in Eiswürfelbehältern oder -beuteln einfrieren.

TIPP

Die Brühe nicht sprudelnd kochen lassen, denn dann emulgiert das Fett mit der Brühe. Wenn sie jedoch sanft köchelt, können Sie nach dem Abkühlen das Fett einfach von der Oberfläche der Suppe abheben.

RINDERBRÜHE

ERGIBT 1,25–1,5 l
VORBEREITUNGSZEIT: 10 MINUTEN · GARZEIT: 3–5 STUNDEN
WF · GF · MF

Ein eher dunkler Fond, da die Knochen angeröstet werden, ehe sie zur Brühe kommen.

Den Ofen auf 220 °C vorheizen. Die Knochen in eine Bratenform geben und ca. 45–55 Minuten im Ofen rösten, bis sie überall schön braun sind.

Das Öl in einem großen Topf, der alle Knochen fassen kann, bei mittlerer Temperatur erhitzen. Zwiebeln, Karotten und Sellerie hineingeben und 15–20 Minuten anschwitzen, bis das Gemüse beginnt, Farbe anzunehmen. Nicht anbrennen lassen, da die Brühe sonst bitter wird. Zur Seite stellen, bis die Knochen fertig sind.

Sobald die Knochen braun sind, in den Topf geben, das Fett in der Bratenform belassen. (Sie können es für Bratkartoffeln verwenden.) Den Topf mit kochendem Wasser füllen, sodass Knochen und Gemüse bedeckt sind, dann die Kräuter und Pfefferkörner zugeben und alles zum Kochen bringen.

Schaum, der sich auf der Oberfläche bildet, abschöpfen und zwei- bis dreimal während des Kochvorgangs wiederholen. Die Hitze reduzieren, sodass die Brühe geradeso köchelt, und 2–4 Stunden simmern lassen. Je länger, desto besser.

Die Brühe gut abseihen und Knochen, Kräuter sowie Gemüse entsorgen. Erneut das Fett von der Oberfläche abschöpfen. Soll die Brühe einreduzieren, die abgeseihte, entfettete Flüssigkeit zurück in den Topf geben und sprudelnd kochen lassen.

Die Brühe hält sich einige Tage im Kühlschrank, oder Sie frieren sie in Eiswürfelbehältern oder -beuteln ein.

- 2 kg **rohe Knochen vom Rind und Kalb**, in handliche Stücke geteilt, wenn möglich vom Metzger
- 1 EL **Sonnenblumenöl** oder **anderes Pflanzenöl**
- 2 **Zwiebeln**, grob gehackt
- 2 **Karotten**, grob gehackt
- 2 Stangen **Staudensellerie**, grob gehackt
- 2 **Lorbeerblätter**
- 2 Zweige **frischer Thymian**
- 6–8 Stängel **frische Petersilie**
- 10 **schwarze Pfefferkörner**

TIPP

Wenn Sie die Brühe in Form von Eiswürfeln einfrieren, können Sie sie beliebig portionieren.

FOND & BRÜHE

FISCHFOND

ERGIBT ca. 1 l
VORBEREITUNGSZEIT: 15 MINUTEN • GARZEIT: 20–30 MINUTEN
WF · GF · MF

- 500 g **saubere rohe Fischknochen**
- 1 l **Wasser**
- 1 **Zwiebel**, klein geschnitten
- 1 **Karotte**, klein geschnitten
- 2 Stangen **Staudensellerie**, klein geschnitten
- 4 Stängel **frische Petersilie**
- 10 **schwarze Pfefferkörner**
- 1 Prise **Salz**

Fischfond lässt sich äußerst rasch zubereiten, er braucht nicht einmal eine halbe Stunde. Am besten benutzt man Knochen von weißen oder rosa Fischen, wie Knurrhahn, Forelle, Barsch oder Brasse (Ihr Fischhändler überlässt sie Ihnen womöglich kostenlos). Nehmen Sie keine Knochen von öligen Fischen, da sie ein bisschen zu viel Aroma abgeben. Stellen Sie sicher, dass die Köpfe, Gedärme und Kiemen entfernt wurden, da diese die Brühe bitter machen können. Spülen Sie mögliches Blut vor dem Kochen ab, dann wird die Brühe klarer. Den Fond erst nach dem Entfernen der Knochen einreduzieren lassen – köcheln die Knochen zu lange, wird die Brühe unangenehm fischig und bitter.

Sie können diesem Basisrezept auch andere Aromen zugeben, je nachdem wofür Sie den Fond verwenden wollen: in Scheiben geschnittener Fenchel, Estragon, frischer Oregano, Thymian, Weißwein, Weißweinessig, Zitronensaft und Knoblauch eignen sich alle gut. Das gleiche Rezept gilt auch für Schalentierfond – nehmen Sie Muscheln anstelle der Knochen.

Die Knochen in Stücke teilen, die in den gewählten Topf passen. Diesen bei mittlerer Temperatur erhitzen und alle Zutaten hineingeben. Zum Köcheln bringen, dann 20 Minuten sanft simmern. Schaum, der sich auf der Oberfläche bildet, abschöpfen. Die Brühe durch das feinste Sieb, das Sie haben, abseihen. Wenn der Fond noch einreduzieren soll, die Flüssigkeit zurück in den Topf geben und ein wenig länger kochen lassen.

Abkühlen und einige Tage im Kühlschrank aufbewahren oder in Eiswürfelbehältern oder -beuteln einfrieren.

TIPP

Für einen wirklich klaren Fond, die Knochen einige Stunden in gesalzenem, kaltem Wasser, das mit etwas Weißweinessig versetzt wurde, einweichen, dann abspülen.

GEMÜSEBRÜHE

ERGIBT 1,25–1,5 l

VORBEREITUNGSZEIT: 10 MINUTEN • GARZEIT: 20–25 MINUTEN

WF · GF · MF · V · Ve

Gemüsebrühe ist die einfachste und schnellste aller Brühen und macht auch kaum Abschöpfen nötig, da Gemüse kein Fett abgibt. Dies ist eine helle Brühe, das heißt, dass das Gemüse nicht angebräunt wird, bevor es ins Wasser kommt. Wenn Sie jedoch eine etwas kräftigere, gehaltvollere Brühe zubereiten möchten (z. B. wenn Sie Vegetarier sind und die Brühe anstelle von Hühnerbrühe verwenden wollen), dann würfeln Sie das Gemüse und braten es 10 Minuten in ein wenig Öl an, ehe es ins Wasser kommt. Dann müssen Sie allerdings das Fett abschöpfen, das sich auf der Oberfläche bildet.

Alle Zutaten in einen großen Topf geben und mit Wasser bedecken – etwa 1 Liter oder mehr. 15–20 Minuten sanft köcheln lassen. Das Gemüse abseihen und entsorgen, die Brühe auffangen.

Im Kühlschrank einige Tage abgedeckt aufbewahren oder in Eiswürfelbehältern oder -beuteln einfrieren.

2 **Zwiebeln**, grob gehackt
2 **Karotten**, grob gehackt
1 Stange **Lauch**, zurechtgeschnitten und grob gehackt
2 Stangen **Staudensellerie**, grob gehackt
2 **Knoblauchzehen**, halbiert
2 **Lorbeerblätter**
4 Zweige **frischer Thymian**
4 Stängel **frische Petersilie**
8 **weiße** oder **braune Champignons**
10 **schwarze Pfefferkörner**
1–2 l **Wasser**

\ \ \ TIPP / / /

Für Suppen wie die Erbsen-Minz-Suppe (siehe Seite 130) oder die Suppe mit Zucchini und Kräutern (siehe Seite 38) ergeben Erbsenschoten, die zusammen mit den anderen Zutaten kurz geköchelt werden, eine wunderbare Grundlage.

FOND & BRÜHE

KNOCHENBRÜHE

ERGIBT 1,25–1,5 l
VORBEREITUNGSZEIT: 15 MINUTEN · GARZEIT: BIS ZU 15 STUNDEN
WF · GF · MF

- 1 kg **Rinderknochen**, von Ihrem Metzger in handliche Stücke geteilt (auch **Hühner-** oder **Schweineknochen** oder eine Mischung sind geeignet)
- 2 **Karotten**, grob gehackt
- 1 Stange **Lauch**, grob gehackt
- 1 **Zwiebel**, grob gehackt
- 2 Stangen **Staudensellerie**, grob gehackt
- 1,5–2 l **heißes Wasser**
- 2 EL **Apfelessig** oder **Zitronensaft**
- ½ TL **Salz**

Diese langsam, bei niedriger Temperatur gekochte Brühe ist fleischig und so kräftig, dass sie auch ganz ohne weitere Zutaten genossen werden kann – wenngleich sie in letzter Zeit sehr in Mode gekommen ist, werden Brühen wie diese in vielen Kulturen schon seit Jahrhunderten als Allheilmittel eingesetzt.

Den Ofen auf 220 °C vorheizen. Die Knochen in einer Backform 30 Minuten im Ofen rösten.

Die Ofentemperatur auf 100 °C reduzieren. Die Knochen vorsichtig rausnehmen, das Fett in der Form lassen (für Bratkartoffeln aufbewahren). Die Knochen zusammen mit dem Gemüse in einen ofenfesten Topf mit Deckel geben. Dann heißes Wasser dazugeben. Es sollte die Knochen ca. 3 cm übersteigen, bei Bedarf also mehr zugießen. Zum Schluss Essig oder Zitronensaft sowie Salz zugeben.

Den Topf bei mittlerer Temperatur auf dem Herd erhitzen und die Brühe gleichmäßig köcheln lassen. Schaum, der sich auf der Oberfläche bildet, abschöpfen.

Den Topf mit geschlossenem Deckel in den Ofen stellen. Nach etwa 1 Stunde überprüfen, ob die Flüssigkeit gerade eben köchelt – der Kochprozess soll sehr langsam vor sich gehen, ohne dass sich der Wasserstand wesentlich verändert. Sollte die Flüssigkeit bereits verkochen, den Deckel abnehmen, eine Schicht Backpapier auf den Topf legen und mit dem wieder aufgelegten Deckel gewissermaßen versiegeln. Sollte der Ofen zu heiß sein, die Temperatur um 10 °C reduzieren.

Mindestens 12 Stunden im Ofen lassen, wenn Rinderknochen verwendet werden (wir lassen unsere Brühe 15 Stunden kochen), ein wenig kürzer für Schwein und ca. 6 Stunden für Hühnchen.

Die Brühe ist fertig, wenn die Knochen völlig fleischlos sind und sich aufzulösen beginnen. Den Topf aus dem Ofen nehmen und abkühlen lassen. Sobald der Topf kühl genug ist, die Brühe mithilfe eines feinen Siebs in ein sauberes Gefäß abseihen und die Knochen sowie das Gemüse entsorgen. Im Kühlschrank völlig auskühlen lassen, dabei setzt sich das Fett auf der Oberfläche der Brühe ab und lässt sich leicht entfernen.

TIPP
Wenn Sie die Brühe nicht sofort verwenden, frieren Sie sie in Eiswürfelbehältern oder -beuteln ein und benutzen Sie sie wie jede andere Brühe.

REGISTER

A
Aïoli 174
Avocados
    Eisgekühlte Avocadosuppe 121
    Guacamole 178

B
Blauschimmelkäse
    Brokkoli & Blauschimmelkäse 30
Blumenkohl & Kichererbsen 94
Bohnen
    Brexican 53
    Coole Bohnen 26
    Ribollita 93
    Schwarzes Dal 70–71
    Toskanische Suppe mit weißen Bohnen, Grünkohl & Würstchen 74
    Winterminestrone 49
Brokkoli & Blauschimmelkäse 30
Brot
    Croûtons 196
    Fladenbrot 210
    Knusprige Parmesan-Toasts 197
    Knusprige weiße Brötchen 205
    Pancotto 82
    Pangrattato 198
    Ribollita 93
    Roggenbrot 206–207
    Schnelles Soda-Brot 202
    Vier-Käse-Toasties 208
Brühe 7, 214–218
Brunnenkressesuppe 111

C
Chili
    Chiliöl 177
    Harissa 173
    Pozole 58–59
    Süße Chilisauce 176
    Tom Kha Gai 81
    Tom Yam (Yam Yam) 22
    Zhoug 181
Chorizo
    Kichererbsen, Süßkartoffeln & Chorizo 86
    Knusprige Würfel aus Chorizo, Speck oder Pancetta 192
Croûtons 196

D
Dukkah 190

E
Eier
    Congee mit karamellisierten Schalotten, Erdnüssen & Eiern 102
    Kens Tonkotsu-Ramen 65–67
    Rebeccas Stracciatella 21
Erbsen
    Flotte Erbsen-Minz-Suppe 130
Erdbeeren
    Erdbeer-Gurken-Duett 161

F
Feta
    Cremiger Feta 182
Fisch
    Alles Soba 126
    Bouillabaisse 150–153
    Chowder mit geräuchertem Schellfisch 15
    Fischfond 216
    Lohikeitto 154
    Meeresfrüchte nach Kerala-Art 18
    Mohinga 33

G
Garnelen
    Mandys Laksa 101
    Tom Yam (Yam Yam) 22
Gemüse
    Frühlingsminestrone mit Pesto 112
    Gemüsebrühe 217
    Joelles Suppe zum Mitsingen 118
    Pancotto 82
    Perlkönig (der Suppen) 85
    Spalterbsensuppe 90
    Super-Suppe 25
    Uyens vegane Pho 114–117
    Winterminestrone 49
Gremolata 179
Grüner Spargel mit Romesco-Sauce 139
Grünkohl
    Ribollita 93
    Toskanische Suppe mit weißen Bohnen, Grünkohl & Würstchen 74
Guacamole 178
    Mais-Paprika-Suppe nach mexikanischer Art mit Guacamole 133
Gulaschsuppe 54
Gurken
    Eisgekühlte Avocadosuppe 121
    Erdbeer-Gurken-Duett 161
    Gazpacho 108
    Raita 171

H
Halloumi
    Knusprige Käsestückchen 198
Harissa 173
Hominy
    Pozole 58–59
Huhn
    Congee mit karamellisierten Schalotten, Erdnüssen & Eiern 102

Hühnerbrühe 214
Hühnercremesuppe 62
Hühnersuppe 46
Mulligatawny 73
Tom Kha Gai 81
Würzige Hühnerfleischbällchen nach
   sizilianischer Art 61
Hummer-Bisque 144–147

I Ingwer
   Eingelegter Ingwer 194

J Joghurt
   Indische Khadi-Joghurt-Suppe 129
   Knoblauchjoghurt 170
   Labneh 183
   Raita 171

K Karotten, Kreuzkümmel & Koriander 12
Kartoffeln
   Gulaschsuppe 54
   Lauch-Kartoffel-Suppe 50
Käse, *siehe auch* Blauschimmelkäse, Feta,
   Halloumi, Parmesan, Pecorino,
     Ziegenkäse
   Vier-Käse-Toasties 208
Kichererbsen
   Blumenkohl & Kichererbsen 94
   Kichererbsen, Süßkartoffeln &
     Chorizo 86
   Marokkanisches Lamm &
     Linsen-Harira 105
Kimchi-Suppe nach koreanischer Art 29
Kirschen
   Eisgekühlte Kirschsuppe 158
Knoblauch
   Ajo Blanco 37

Gazpacho 108
Knoblauchjoghurt 170
Koriander
   Guacamole 178
   Karotten, Kreuzkümmel &
     Koriander 12
   Mandys Laksa 101
   Raita 171
   Zhoug 181
Krustentiere
   Bouillabaisse 150–153
   Hummer-Bisque 144–147
Kürbis
   Ofenkürbissuppe 89

L Labneh 183
Laksa
   Mandys Laksa 101
Lamm
   Marokkanisches Lamm &
     Linsen-Harira 105
   Perlkönig (der Suppen) 85
Lauch
   Hühnercremesuppe 62
   Lauch-Kartoffel-Suppe 50
Linsen
   Marokkanisches Lamm &
     Linsen-Harira 105
   Meeras Dal für jeden Tag 98
   Mulligatawny 73
   Puy-Linsen, Speck & Senf-
     sahne 41
   Rote Linsen mit Spinat, Joghurt,
     Granatapfel & knusprigen
     Zwiebeln 77
   Schwarzes Dal 70–71

M Mais
   Mais-Paprika-Suppe nach
     mexikanischer Art
     mit Guacamole 133
   Mais-terhaftes Chowder 16
Mandeln
   Ajo Blanco 37
Meeresfrüchte nach Kerala-Art 18
Melone
   Eisgekühlte Melone 165
Minze
   Flotte Erbsen-Minz-Suppe 130
   Tahina mit Minze 172
Miso
   Du machst Miso glücklich 42
Mulligatawny 73

N Nudeln
   Alles Soba 126
   Hühnersuppe 46
   Kens Tonkotsu-Ramen 65–67
   Mandys Laksa 101
   Mohinga 33
   Rebeccas Stracciatella 21
Nüsse
   Dukkah 190
   Geröstete Nüsse 187

P Paprika
   Brexican 53
   Geröstete rote Paprika 34
   Mais-Paprika-Suppe nach
     mexikanischer Art
     mit Guacamole 133
   Romesco-Sauce 188
Parmesan
   Knusprige Parmesan-Toasts 197

Pastinaken
    Curry-Pastinaken 97
Pecorino
    Pancotto 82
Perlgraupen
    Perlkönig (der Suppen) 85
Pesto 186
Petersilie
    Gremolata 179
    Salsa verde 180
Pfirsiche
    Suppe aus Ofenpfirsichen mit
        Kardamom 167
Pilze
    Kimchi-Suppe nach koreanischer
        Art 29
    Pilzrahmsuppe 142
    Tom Kha Gai 81
    Tom Yam (Yam Yam) 22

R Ramen
    Kens Tonkotsu-Ramen 65–67
Reis
    Congee mit karamellisierten
        Schalotten, Erdnüssen &
        Eiern 102
Rind
    Gulaschsuppe 54
    Knochenbrühe 218
    Rinderbrühe 215
Rote Bete
    Borschtsch 149
    Olivers Suppe mit Roter Bete,
        Koriander, Tofu & Blutorange 125

S Sahne
    Eisgekühlte Kirschsuppe 158

Schokoladensuppe mit süß-salzigen
    Brioche-Croûtons 162
Salsa verde 180
Samen
    Dukkah 190
    Gepuffte Samen 191
Saucen
    Aïoli 174
    Laksa-Gewürzpaste 101
    Romesco-Sauce 188
    Süße Chilisauce 176
    Zhoug 181
Schalentiere
    Bouillabaisse 150–153
Schalotten
    Congee mit karamellisierten
        Schalotten, Erdnüssen & Eiern 102
    Schokoladensuppe mit süß-salzigen
        Brioche-Croûtons 162
Schwein
    Kens Tonkotsu-Ramen 65–67
    Pozole 58–59
Sellerie & knuspriger Salbei 69
Shakshuka 122
Spalterbsensuppe 90
Speck
    Flotte Erbsen-Minz-Suppe 130
    Knusprige Würfel aus Chorizo,
        Speck oder Pancetta 192
    Puy-Linsen, Speck & Senfsahne 41
    Winterminestrone 49
Spinat
    Rote Linsen mit Spinat,
        Joghurt, Granatapfel &
        knusprigen Zwiebeln 77
    Suppe mit Spinat, Würstchen &
        Orzo 57

Süßkartoffeln
    Kichererbsen, Süßkartoffeln &
        Chorizo 86

T Tahina mit Minze 172
Tofu
    Du machst Miso glücklich 42
    Kimchi-Suppe nach koreanischer
        Art 29
    Olivers Suppe mit Roter Bete,
        Koriander, Tofu & Blutorange 125
Tomaten
    Gazpacho 108
    Shakshuka 122
    Winterliche Tomatensuppe 78
    Würzige Hühnerfleischbällchen nach
        sizilianischer Art 61
Topinambur
    Olivers Topinambursuppe mit
        Backofenoliven & Ziegenkäse 136

W Würstchen
    Suppe mit Spinat, Würstchen &
        Orzo 57
    Toskanische Suppe mit
        weißen Bohnen, Grünkohl &
        Würstchen 74

Z Ziegenkäse
    Olivers Topinambursuppe mit
        Backofenoliven & Ziegenkäse 136
Zucchini & Kräuter 38
Zwiebeln
    Französische Zwiebelsuppe 140–141
    Knusprige Zwiebeln 193
    Rote Linsen mit Spinat, Joghurt,
        Granatapfel & knusprigen Zwiebeln 77

DANK

REBECCA: Mit dem LEON-Team an diesem Buch zu arbeiten, war eine wahre Freude. Ein Dank an dich, John Vincent, der du die Zusammenarbeit so herrlich einfach gemacht hast, und an jeden bei LEON, der Ideen und Rezepte beigetragen hat (vor allem Rebecca di Mambro), aber auch an Joelle Davis, die alles am Laufen gehalten und darauf geachtet hat, dass die Zeitpläne nicht überschritten wurden. Rachael Gough und Beth Emmens aus dem LEON-Büro haben uns ihre wertvolle Zeit geopfert, um in einigen der Abbildungen aufzutauchen (und sich zudem breitschlagen lassen, gleich auszuhelfen); danke euch beiden.

Die Aufnahmen für dieses Buch zu machen, war ebenfalls eine große Freude – dank Steven Joyce und seinen wunderbaren Fotos (er ist vielleicht mein Ehemann, aber ich bin da überhaupt nicht voreingenommen!), dank Foodstylist Oliver Rowe, der bei der Vorbereitung der Speisen für jede Abbildung großartige Arbeit geleistet hat, und dank Elayna Rudolphy, die fröhlich und ganz unerwartet sowohl als Assistentin für die Speisen als auch für die Requisite zuständig war und beides fabelhaft meisterte. Die Ausstattung und das Design von Jo Ormiston verleihen diesem Buch eine wundervolle, einzigartige und farbenprächtige Identität (danke auch an ihre Partnerin Saskia, die beim Transport der vielen, vielen, vielen Schüsseln half, die wir benötigten …). Ich möchte auch die guten Menschen bei Waters Enterprises erwähnen, einem Fischhändler und Gemüsehändler in Forest Hill, South London, die keine Mühen scheuten, um uns mit hübschen Fischen und Gemüse zu versorgen, oftmals in letzter Minute.

Auch den beiden Gründern der Restaurantgruppe Tonkotsu, Ken Yamada und Emma Reynolds, schulden wir Dank. Ordentliche Rezepte für Tonkotsu-Ramen bedürfen der Anleitung durch Experten, und sie überließen uns bereitwillig ihr Rezept zur Veröffentlichung. Ebenso danken wir Mandy Yin, Leiterin von Sambal Shiok (www.sambalshiok.co.uk), einem brillanten malaysischen Pop-up, für ihr Laksa-Rezept sowie Meera Sodha für ihr Dal-Rezept, das zuerst in ihrem wunderbaren Kochbuch *Made in India* erschienen ist. Die sympathische Food-Autorin Uyen Luu (www.uyenluu.com) schenkte uns das Rezept für ihre fantastische vegane Pho, und auch Oliver Rowe steuerte zwei Rezepte bei – die eine ist die Topinambursuppe aus seinen Kochbuchmemoiren *Food For All Seasons*, die andere die Rote-Bete-Suppe mit einem Ingwer-Tofu-Topping, die er eigens für uns entwickelte. Wir sind euch allen sehr dankbar für eure Großzügigkeit und euer Wissen.

Danke an das gesamte Verlagsteam, die einen engen Zeitplan völlig überschaubar machten und den gesamten Prozess ruhig und lösbar gestalteten. Ein Dank gilt auch meinem Agenten Antony Topping bei Green and Heaton dafür, dass er uns alle miteinander bekannt gemacht hat.

Und zu guter Letzt danke ich all meinen Nachbarn. Ihr habt eine ganze Menge an Suppenexperimenten gegessen und dabei stets den Anschein erweckt, dass ihr es gerne tut.

JOHN: Rebecca hat all den Menschen gedankt, die Teil dieses fröhlichen Suppenkollektivs waren, und an mir ist es nun, das Suppenlob auf Rebecca selbst zu singen. Talent ist die eine Sache, und Rebecca besitzt es: das Talent für Geschmack, Spaß und Fingerspitzengefühl. Mehr als das muss bei einer Partnerschaft jedoch jeder der Partner bereit sein, sich mehr um den anderen zu sorgen als um sich selbst, und das war hier der Fall. Ich hoffe, das war nicht unsere letzte Zusammenarbeit.

Meine zweite Runde Dank geht an beinahe 1000 Menschen, die bei LEON arbeiten. Unsere Bücher, unsere Kochzubehörserie, die Möglichkeit, Zeit für Dinge wie den School Food Plan aufzuwenden, gründen allesamt in dem Zusammentreffen und der Interaktion der Menschen bei LEON. Danke an meine LEON-Kollegen, die lange Stunden mit Hingabe arbeiten. Danke an unsere Gäste, die uns durchschnittlich zehn Millionen Mal im Jahr besuchen. Wir sind so dankbar für das Vertrauen, das Sie uns schenken.

Wir haben versucht, bei der Angabe aller Vorbereitungs- und Garzeiten in diesem Buch so genau wie möglich zu sein. Trotzdem handelt es sich um Schätzungen, die auf unserer eigenen Zeitnahme während des Ausprobierens der Rezepte beruhen und die als Orientierungshilfe dienen sollten. Unsere Ernährungsratschläge sind nicht absolut gültig. Falls Sie das Gefühl haben, dass Sie Rat von einem Ernährungsberater benötigen, bitten Sie Ihren Arzt um eine Empfehlung.

Für alle Rezepte wurden gestrichene Standardlöffel-Abmessungen benutzt.
1 Esslöffel = ein 15 ml-Löffel
1 Teelöffel = ein 5 ml-Löffel

Wenn nicht anders angegeben, sollten mittelgroße Eier verwendet werden. Das Gesundheitsministerium rät, Eier nicht roh zu verzehren. Dieses Buch enthält Gerichte mit rohen oder kurz gekochten Eiern. Leichter anfällige Personen wie Schwangere, stillende Mütter, Kranke, ältere Menschen, Babys und Kleinkinder sollten diese Gerichte mit rohen oder nur kurz gekochten Eiern meiden. Nach der Zubereitung sollten diese Gerichte im Kühlschrank aufbewahrt und bald verzehrt werden.

Wenn nicht anders angegeben, sollten frische Kräuter verwendet werden. Falls Sie keine frischen Kräuter bekommen, verwenden Sie getrocknete als Alternative, aber jeweils die halbe Menge. Der Backofen sollte auf eine bestimmte Temperatur vorgeheizt werden. Bei Nutzung eines Ofens mit Heißluftventilator folgen Sie den Angaben des Herstellers, um Garzeit und Temperatur anzupassen.

In diesem Buch finden Sie Rezepte mit Nüssen und Nussderivaten. Menschen mit bekannten Nussallergien sowie leichter anfällige Personen wie Schwangere, stillende Mütter, Kranke, ältere Menschen, Babys und Kleinkinder sollten diese Gerichte mit Nüssen oder Nussölen meiden. Bei fertigen Zutaten sollten Sie außerdem darauf achten, ob Nussderivate enthalten sind.

Vegetarier sollten bei Käse darauf achten, ob dieser mit vegetarischem Lab gemacht wurde. Es gibt vegetarische Varianten von Parmesan, Feta, Cheddar, Chester, Dolcelatte sowie vielen Ziegenkäsearten.

Nicht jede Sojasauce ist glutenfrei – wir verwenden Tamari (eine glutenfreie Sojasauce). Werfen Sie einen Blick auf die Zutaten, wenn Sie sich nicht sicher sind.

Denken Sie daran, die Etiketten Ihrer Zutaten auf versteckten Raffinadezucker zu überprüfen. Selbst pikante Lebensmittel können künstlich gesüßt sein, also sehen Sie lieber einmal zu oft auf die Zutatenliste.

Die englische Originalausgabe erschien 2017 unter dem Titel *LEON. Happy Soups* bei Conran Octopus Limited, ein Unternehmen der Octopus Publishing Group Ltd
Carmelite House
50 Victoria Embankment
London EC4Y 0DZ

Text: © LEON Restaurants Ltd 2016
Design und Layout: © Octopus Publishing Group 2017
Kens Tonkotsu-Ramen (Seite 65): © Tonkotsu Bar and Ramen 2017
Meeras Dal für jeden Tag (Seite 98): © Meera Sodha 2017
(erstmals veröffentlicht in *Made in India*)
Mandys Laksa (Seite 101): © Mandy Yin 2017
Uyens Vegane Pho (Seite 114): © Uyen Luu 2017
Olivers Topinambursuppe mit Backofenoliven & Ziegenkäse (Seite 136):
© Oliver Rowe 2017 (erstmals veröffentlicht in *Food for All Seasons*)
All rights reserved.

The right of LEON Restaurants to be identified as the Author of this work has been asserted by them in acordance with the Copyright, Designs and Patents Act 1988.

Fotografien: Steven Joyce
Herausgeber: Alison Starling
Artdirector, Styling und Design (für LEON): Jo Ormiston
Styling Assistenz: Elayna Rudolphy
Food Styling: Rebecca Seal and Oliver Rowe
Creative Director: Jonathan Christie
Redaktionsleitung: Pauline Bache
Lektorat: Annie Lee
Produktionsleitung: Katherine Hockley

Erste Auflage 2018
© 2018 für die deutsche Ausgabe:
DuMont Buchverlag, Köln
Alle Rechte vorbehalten

Verlagskoordination: Marisa Botz
Mitarbeit: Nora Faust
Übersetzung: Alexandra Titze-Grabec
Lektorat: Susanne Philippi
Satz: Hilde Knauer

Printed in China
ISBN 978-3-8321-9948-7

www.dumont-buchverlag.de